# 꿈속에서도 물소리 아프지 마라

# 꿈속에서도 물소리 아프지 마라

고은 외 99명의 시인 지음
한국작가회의 저항의글쓰기실천위원회 엮음

Archive

## 기획의 말

저항의글쓰기실천위원회(위원장 도종환)에서는 2010년 봄부터 4대강 사업을 주요 저항 의제로 삼아 다양한 참여를 벌여왔습니다. 많은 작가들이 현장을 방문해 신음하는 강을 확인하고, 여러 지면을 통해 반대 의견을 밝혔습니다. 그러나 그 어떤 절규도 이 정권에는 우이독경입니다. 저항의글쓰기실천위원회에서는 보다 호소력 있고 지속적인 저항 운동을 벌이기 위해 강이 우리에게 어떤 의미가 있는지 시와 산문으로 답하는 책을 기획하게 되었습니다. 위원회는 별도의 기획위원회를 꾸려 여러 차례 논의한 끝에 시집 한 권과 산문집 한 권을 출간하기로 했습니다.

작가들에게 강은 무한한 창작의 원천이었습니다. 천 명의 작가에게 강은 천의 얼굴로 변주되는 심미적인 대상입니다. 강은 삶의 실존 공간일 뿐 아니라 시간이고, 역사이며, 또한 도저한 은유의 세계를 거느린 참으로 말간 언어입니다. 어버이에서 어버이로 우리가 삶을 이어왔듯 자연은 강에서 강으로 흘러왔습니다. 강은 생명으로서도 도도하고 역사로서도 유장합니다. 사랑의 노래만큼 강 역시도 이 대지 위에서 계속 불려야 할 노래입니다. 그러나 시인들은, 언어들은 지금 강으로부터 추방당할 위기에 놓여 있습니다. 4대강 사업은 보이지 않는 것들의 세계로부터 눈을 감은 자들이나 발상할 수 있는 야만입니다.

시집 《꿈속에서도 물소리 아프지 마라》와 산문집 《강은 오늘 불면이다》는 이런 문제의식 속에서 기획되었습니다. 이미 단행본으로 발표된 시들과 산문들도 포함되었지만 대부분의 작품들이 오직 이 책을 위해서 새로 창작되었습니다. 100편의 시와 29편의 산문에서 독자들은 강이 우리에게 무엇이었는가, 무엇이어야 하는가에 대한 무수한 목소리들과 맞닥뜨릴 것입니다. 이 목소리들은 4대강에서 사라져가는 무수한 생명들의 목소리이자, 강에 기대 살아온 수많은 삶의 이야기입니다. 그리고 그것들을 송두리째 앗아가려는 4대강 개발로 대표되는 이 야만의 세월에 대한 처절한 저항의 몸짓이기도 합니다. 잠들지 못하는 이 땅의 강들은 지금 우리에게 묻고 있을지 모릅니다.

"강이 죽은 자리에서, 당신들의 삶은, 역사는 온전히 흘러간다고 말할 수 있을 것인가?"

이제 우리 모두가 강의 물음에 답해야 할 차례입니다.

2011년 2월

**기획위원** 노경실, 전성태, 홍기돈, 이선우, 김근, 이영주, 박혜숙

서문

# 죽었다가 내 몸이 되어 다시 태어날 강

도종환(시인 · 한국작가회의 부이사장)

시인에게 강은 그냥 강이 아닙니다. 강은 생명의 젖줄이며 동시에 시적 영감의 젖줄입니다. 그 강의 젖을 받아먹으며 우리는 자랐습니다. 우리에게 강은 육친과 같습니다. 누님과 같고 어머니와 같습니다. 그래서 "어머니가 나의 뺨에 얼굴을 비비듯이 나 또한 오래도록/강물의 눈빛에 나의 눈빛을 맞추었습니다/강물의 입술에 나의 입술을 맞추었습니다/강물의 귀에 나의 귀를 기울이고/강물의 코에 나의 코를 비비고/강물의 손에 나의 손을 내밀었습니다."(이원규)

낮은 물가에 피라미, 모래무지, 송사리가 살아서 내 아버지의 아버지의 아버지도 그 물가에 처음 살기 시작했습니다. 여울에는 조금 더 몸이 굵은 물고기가 자갈과 모래 사이에 알을 낳았고, 개여울을 사이에 두고 아랫마을과 윗마을이 오가며 지냈습니다. 강에서 문화가 시작되었고 역사가 흘러왔습니다. 인류의 문명도 강가에서 시작되었고, 강줄기를 따라 유구하게 흘러왔습니다. 우리도 강의 숨결로 호흡하며 맑은 정신과 부드러운 심성을 지니게 되었습니다.

강은 우리에게 시를 가르쳐주었고 시인의 영혼을 지니게 해주었습니다. 어려서부터 남한강 물줄기 흘러가는 걸 보고 자라서 신경림 시인은 〈남한강〉과 〈목계장터〉 같은 빼어난 시를 쓸 수 있었을 겁니다. 김용택 시인이 섬진강 강가에서 자라지 않았다면 어떻게 시인이 되었겠습니까? 금강이 역사와 함께 유장하게 흘러와서 신동엽 시인의 서사시 〈금강〉이 있을 수 있었습니다.

"그래서 강은 수천 리 화선지" "수만 리 비단" 입니다. "해와 달과 구름과 새들이/얼굴을 고치며 가는 수억 장 거울" 이며 "갈대들이 하루 종일 시를 쓰는/수십억 장 원고지" (공광규)입니다. 강을 따라 흐르는 물은 내 핏줄 속을 흐르는 수액이고, 강물 소리는 "내 몸에서 나던 바로 그 소리" (김선우)입니다.

그 강이 사라지고 있습니다. 강이 사라진다면 우리의 영혼, 우리의 상상력은 얼마나 삭막하고 피폐해지겠습니까? 생명의 물줄기 곳곳에 보를 설치해 물의 흐름을 끊어놓은 뒤, 시멘트로 깁스를 해버리면 그것은 강이 아니라 수로에 불과할 뿐입니다. 물의 생명을 끊어버리고 자본의 배를 띄우는 것이 강을 살리는 일이라고 이 정부는 우기고 있습니다.

물은 보에 갇히면 썩게 되어 있습니다. 우리에게는 썩어가는 물이 아니라 깨끗한 물이 필요합니다. 배를 띄울 수로가 아니라, 생명의 강이 필요합니다. 해월 최시형 선생의 말씀처럼 "물이라는 것이야말로 만물의 어미" 입니다. 만물의 어머니를 죽이는 것은 패륜입니다. 강을 죽이는 것은 어리석은 일이며, 악업을 짓는 일입니다. 그래서 지금이라도 멈추어야 합니다.

이건 살육입니다. 학살입니다. 오직 개발 이익만을 나누기 위한 탐욕의 삽질입니다. 무지의 폭력입니다. 수경 스님 말씀대로 "목전의 이익을 위해 민족의 미래를 수장시키는 일"입니다. 강이 죽어가면 우리도 살 수 없습니다. 강이 고통받으면 우리도 고통스러울 수밖에 없습니다. 천지는 나와 더불어 뿌리가 같고, 만물은 나와 더불어 한몸天地與我同根 萬物與我同胞이라고 했습니다. 동학에서는 물오동포物吾同胞라 했습니다. 자연 만물과 내가 한몸 한형제라는 것입니다.

물에서 배우려 하지 않고, 물에서조차 개발 이익만을 취하려 하는 이들이 나라를 파탄의 길로 끌고가고 있습니다. 탐욕의, 탐욕에 의한, 탐욕을 위한 세상이 되고 말았습니다. 속물의, 속물에 의한, 속물을 위한 정치를 하는 나라가 되고 말았습니다. 돈이 되는 일이라면 그야말로 물불을 가리지 않고 뛰어드는 세상이 되었습니다. 그리하여 "이제 강은/네 추억 속에 들어가 호젓이 흐를 것"이며 "네 추억 속에서/하루하루 잊혀질 것"(고은)입니다.

"자본의 당당한 왕국 당당한 제국/우리들 뻔뻔한 나라"(강형철)를 이대로 두고 볼 수 없어 강을 노래한 시들을 여기 이렇게 모았습니다. 이 정부의 잘못된 행태를 비판하고 저항하는 글을 쓰기로 하고, 그렇게 쓴 글 중에서 강에 대해 쓴 시들을 한자리에 모았습니다. 아니 저항의 글만이 아니라, 강은 시인에게 무엇으로 존재하며, 우리가 강을 어떻게 대하고 살아왔는지를 이야기하고자 했습니다.

진은영 시인은 "세상에서 내가 가장 사랑했던 이가 죽어/그는 강이 되었다"고 했습니다. "그는 나의 정오, 나의 자정"이라고 했습니다. 강은 지금 내 사랑하는 이의 죽음 그 자체입니다. 나의 가장 뜨겁고 밝았던 시간도 강 안에 있고, 내 가장 어두운 암흑의 시간도 동시에 강 안에 있습니다. 그리하여 "강은 죽었다가//곧 태어나 내 몸이 되어 올 것"이라고 진은영 시인은 말합니다. "신비한 질병과 미지의 악취를 릴레이 주자의 날쌘 팔다리처럼 달고서" 올 것이라고 예언처럼 말합니다. 분명히 그럴 것이라고 우리는 예상합니다. 강의 죽음은 내 몸의 죽음이 되어 우리에게 올 것입니다. 질병과 악취와 멸망의 빛깔을 품고 우리 몸이 되어 올 것입니다.

그래서 지금 시인들은 "꿈속에서도 물소리 아프지 마라"(이기인) 이렇게 말합니다. 이 간절한 목소리 귀 기울여주기를 바랍니다.

차례

## 2부 노래는 하나둘 모래무덤 속으로 걸어들어가고

## 3부 산 채로 껍질이 벗겨진 한 마리 거대한 짐승을 보았다



## 4부 저 강이 더 흘러가기 전에 저 강이 더 흘러가기 전에

**일러두기**

한 연이 첫번째 행에서 시작될 때는 >로 표시합니다.

# 1부

## 어이없어라 내가 누구인지 전혀 모를 것이다

# 한탄

고은

이제 강은
내 책 속으로 들어가 저 혼자 흐를 것이다
언젠가는
아무도 내 책을 읽지 않을 것이다

이제 강은
네 추억 속에 들어가 호젓이 흐를 것이다
네 추억 속에서
하루하루 잊혀질 것이다

이제 강은
누구의 사진 속에 풀린 허리띠로 내던져져 있을 것이다
언젠가는
언젠가는
그것이 강인 줄 무엇인 줄 모를 것이다

아 돌아가고 싶어라
지지리 못난 후진국 거기

>

이제 강은
오늘 저녁까지 오늘 밤까지 기진맥진 흐를 것이다
자고 나서
돌아와 보면
강은 다른 것이 되어 있을 것이다
어이없어라 내가 누구인지 전혀 모를 것이다

# 꿈속에서도 물소리 아프지 마라

이기인

꿈속에서도 물소리를 따라간다

한낮에 떠내려가지 못한 나뭇잎이 비로소 떠내려간다

물소리가 물소리를 데리고서 간다

온몸이 부서지는 아픔을 데리고서 간다

꿈속에서도 물소리 아프지 마라

# 여울목

김선우

무릉계에 와서 알았네
물에도 뼈가 있음을

파인 돌이 이끼 핀 돌 안아주고자 하는 마음
큰 돌이 작은 돌에게 건너가고자 하는 마음이
안타까워 물은 슬쩍 제 몸을 휘네
튕겨오르는 물방울,

돌의 이마 붉어지네 물 주름지네
주름 위에 주름이 겹쳐지면서
아하, 저 물소리
내 몸에서 나던 바로 그 소리

나 그대에게 기울어가는 것은
뼛속까지 몽땅 휘어지는 일이었네

# 강가에서

황규관

우리는 유전자가 닮은 종족이다

지난밤 처연했던 몸부림도
버드나무 마을 앞에 다다르면
바람 따라 빛나는 웃음이 된다

모든 싸움은 외로운 것
두고 온 길도 몰아치던 눈보라도
욱신대는 흔적은
깊은 곳에 새겨두자

목적도 의미도 없이 흐르는,
우리는 한 어미의 자식이다

어제와 오늘이 다르듯
저물녘과 새벽녘이 다르듯
살과 살이 섞여
점점 깊어갈 뿐이다

>

외롭다는 말은 지금 뜨겁다는 것
빼앗긴 시간도 컴컴한 두려움도
번민하는 심장은
새로 태어나고 있는 중이다

넝마로 혹은 붉은 알몸으로

# 한강

이성부

나는 지금 너르고 깊은 심성이다
너무 고요해져서 나는 내가 두렵다
나는 나의 아래로 길을 찾아 느리게 흘러간다
세상의 저 많은 슬픔이나 상처들을 어루만지며
날마다 골고루 해가 비치듯이 날마다 밤마다
보이지 않는 힘에 떠밀려
속속들이 나를 씻으며 나아간다
나는 산에서 태어나 자라고 팔뚝이 굵어져서
이 골 물 저 골 물 보태 소를 만들어 머물거나
때로는 사나워져 선 채로 눈 부릅떠 달려 내려오기도 하고
한때는 젊은 혈기 추스르지 못해
곤두박질 떨어지는 폭포가 되어 요란스럽기도 했지만
강가에 나와 울음 우는 사연들
보듬고 다독거려 댐으로 가두어놓기도 했지만
바쁘게 가는 일도 다 부질없다고 생각하면
이토록 잠잠해지는 것을
어느덧 풍진에 부대끼며 돌고 돌아 나이가 들어
이리 낮은 데로 내려앉아 바라보고만 있느니
웬만한 풍경에는 쉽게 눈길이 머물지 않아

무덤덤하게 지나쳐버린 지 오래
어떤 새로운 것도 길을 벗어나지 못한다는 것을
깨우치고 터득한 지도 오래
길이 모든 발자국 지워버린 지도 오래
나는 바다에 이르러 더 큰 세상에 갇히고서야
비로소 나에게 날개가 돋는다는 것을 안다

# 여자, 강바닥 같은

**김해자**

무거운 옷 벗으려 새벽 강에 나갔더니
이미 물옷 벗어던진 강이 알몸으로 누워
끊이지 않는 물로 오래 젖어온 맨몸뚱이
희뿌연 별빛에 말리고 있었다
물이 없이도 나일 수 있을까, 궁시렁거리며
한번 가면 그만이야, 다 흘려버려, 호기도 부리며

바람 한 줄금에도 깔깔대는 그녀
치맛단 헤치고 더듬어 더듬어
밑 모를 물이랑 때로 허우적거리다
허방 짚기도 하던 날 지나
그녀가 숨 쉬던 칠흑빛 땅을 디뎌보았나요

흐를 수 있는 건 저 흘러갈 데로 다 흐르게 한 뒤
더 이상 갈 수 없는 아주 작은 것끼리
부드럽게 반죽한 바닥에서
당신의 젖은 영혼도 한 올 한 올 펼쳐
그녀 젖은 알몸 덮어주며
바닥 없이도 나일 수 있을까, 중얼대기도 하며

다시 밀려올 물도 잊고 함께 누웠던
어느 한나절 있었나요

흐르게 한다는 것, 얼마나 무거웠으면
그리 단단하게 버텨야 했을까
여자, 강바닥 같은

# 물의 출구出口

나희덕

그 물을 기억한다

먼지와 거품을 끌고가던 물,
시든 물풀을 누더기처럼 걸치고
엉금엉금 기어가던 물,
더 이상 흐른다고 말할 수 없던 물,
비가 와도 젖지 않고
땀과 눈물과 오줌에만 젖어들던 물,
쾌활했던 물줄기 잦아들고
자기도 모르는 고요에 갇혀 있던 물,
숨 막히는 그 고요야말로 소용돌이였음을
너무 늦게야 알게 된 물,
하루하루 진창에 가까워져도
물만, 물만, 남아 있으면 된다고 믿었던 물,
검은 눈동자처럼 타들어가던 물,

검은 눈동자 속에
지는 해가 가득 들어와 있다

>

활활 타오르는
불의 우물

저 물의 출구出口를 따라 여기로 흘러왔다

# 후회

박후기

사랑은 언제나
이미
엎질러진 물이다

당신에게 엎질러진 마음
돌이킬 수 없는
강물이 되어 흐르나니,

물길을 막는 사람아,
밀려오는 후회를
무슨 수로 감당하려 하는가

# 곤鯀을 노래함

고운기

1

스무 해 비가
온 천하 사람 덮을 지경에 이르러
요임금은 곤鯀을 불렀다

곤은
불을 훔쳐온 프로메테우스처럼

한 줌만 던져도 산처럼 커지는 천제의 식양息壤으로

황하黃河 긴 강을 따라 막고 쌓았다

2

외로워라, 곤이여
끝내 물길은 잡지 못하고
우산羽山에서 죽었다네

3

나는 들었다

>

곤의 아들 우禹가 죽은 아비의 배를 가르고 태어나
물길은 터야 하는 법이라
쌓고 막는 게 아니라 트고 나서야
물은 흘러 충충히 내려갔다고

삼문협三門峽 골짜기를 스치는 바람마저 소슬하리니

곤이여, 그대의 우직함이
아들의 지혜를 열었다면
죽음이라도 달게 받아 서운치 않았으리.

# 분자 $H_2O$의 예언
## — 해체되면 종말이다

**고형렬**

우주 안에서 불타는 까닭 없는 불이여
$H_2O$만큼 명쾌한 표현의 존재는 없다
어떻게 그 구조를 얻게 되었는가
그 화학식은 그러나 난해한 것
네 본질은 바람인가 자음인가 무인가
누구도 $H_2O$의 분자를 본 자가 없다
그곳은 텅 빈 물방울 속, 아무것도 없다
오직 $H_2O$의 무아가 춤추는 곳
지구 만물로부터 격리된 채 관여한다
물은 이 대륙의 모든 육체들이
두 사람과 한 사람이 구성된 것처럼
두 수소와 한 산소로 휘감겨 있다
세 원자가 소진토록 떠돌지라도
아무도 그들을 모방할 수 없는 것처럼
누구도 그들을 떼어놓을 수 없다
예언의 빛을 물고 부푼 태허의 꿈은
혼돈의 천둥번개 속에서 다시 태어난다

# 탐진강

이대흠

울며 바닥을 혀로 기어본 적 있느냐?

강이 묻는다

# 물의 말

이병률

새벽 네 시나 됐을까
이마 한가운데로 한 방울 물이 떨어져 잠에서 깬다
며칠째 계속되는 비 탓에
기와도 빗물을 다 막아내지는 못하겠나 보다
자리를 옮기고 냄비를 가져다놓으니
똑 똑

잠들 만하면 떨어지고
잠들 만하면 떨어지는 빗소리가
앓는 소리를 낸다
소리를 줄이려 마른 수건을 가져다 담그자
냄비 가득 증명할 수 없는 냄새가 나고
거꾸로 누워 천장에 눈을 맞추니
꼭 내 얼굴을 닮은 얼룩이 나를 내려다보고 있다

한숨 자고 일어나도 여전히 시린 이마
안 풀리는 일들이 꿈으로 닥쳐온다 했는가
돌아다보고 돌아다보느라 늦게 일어나
늦은 약속에 나갔다 돌아와도

여전히 시린 이마
내가 나에게 뭐라 말을 거느라
이마 위로 떨어뜨린 그 서느런 최초의 한 방울

# 천렵

이용임

내가 돌아보듯 돌아서며 심장에 손을 얹은 것은,

내가 밀어내듯 손을 넣어 아직 파닥거리는 온기를 꺼낸 것은,

내가 끌어안듯 손을 뻗어 어깨 너머로 그것을 던진 것은,

안개냐 숲이냐 수런거리는 바람이냐

발목을 담그듯 차마 마주 보지 못했던 것들을 버린 것은,

버린 듯 잊은 것은,

잊은 듯 다시 발목을 담근 것은,

성긴 그물을 던져 바닥에 엎드린 당신을 건지고 쓰다듬고 노래하다

깊은 달빛을 감아 다시 던져버린 것은,

시간이 문지른 이목구비를 편편한 손바닥으로 더듬어

>

사라진 눈 사라진 코 사라진 입술을 떠올리고 마는 것은,

# 춘양

고영민

시가 써지지 않는 날엔
강가에 나간다
한나절 강둑에 앉아
강물을 내려다본다
가만히 떠내려간다,
베껴 쓴다
강에 와 노는 햇살
강에 와 노는 새
강에 와 노는 바람
강에 와 노는 사람
한나절 강둑에 앉아 강물을 내려다보면
해질 무렵 문득,
행간을 꿰뚫는 물결이 보인다
운율이 보인다

# 강의 간섭
## —겨울에게

윤석정

그럼에도 이제야 나는 간섭이 심했던 네가 그리워야 너는 나무를 흔들어 내게 한해살이 빼곡한 곡절들 적어 나뭇잎 엽서 몇 통을 보냈어야 너는 입 오물거리는 우렁이들이 돌멩이마다 달라붙어 낮잠 자도록 했어야 네가 혹독하게 간섭한 뒤에야 가장귀에서 새순들이 꿈틀거렸고 사방으로 들꽃들이 만발했어야 그럼에도 네가 간섭이 심하다고 징징거리던 나야 여태 철없이 흐를 수 있을 만큼만 갔지 어디 쫌이라도 정 붙일 데가 없었어야

네 간섭으로 내 살갗이 얼어 단단해지는 게 싫었어야 그게 냉동된 불감증 같아서 더 싫었어야 그렇잖아도 이놈 저놈이 찾아와서 똥오줌 싸지르듯 함부로 나를 요렇게 조렇게 막아대고 파헤치고 난린데 너마저 간섭해서 왜 나를 못살게 구는지 몰랐어야 참말로 간섭이 지긋지긋했어야 내가 가진 게 아무것도 없어 네가 눈보라 퍼부었다고 툴툴거렸어야 네가 보내준 엽서는 읽지도 않았어야 네 꼴 보기도 싫다는 내색 못하고 아무도 모르게 아래로만 흘렀어야 그럼에도 네가 내 이마에 입술 비벼대던 차디찬 촉감이 싸악 녹아버린 뒤에야 네가 그리워야

너에게도 흐르는 일이 간섭 때문인데 나는 아무것도 몰랐어야 간섭이 어디에서 어디로 흐르게 하는 줄도 몰랐어야 그럼에도 네가 나를 그렇게 간섭한 뒤에야 나는 더 깊이 흘렀어야 우렁이가 내 속을 헤집

고 다니도록 나무가 잎 밀어내도록 꽃마다 봉오리 나오도록 나는 아무것도 모르면서 줄곧 간섭하고 있었어야

# 물의 도감

신용목

엎드린 짐승의 등을 파고 한 그루 나무를 심었다
일어서 달리기 위하여,
푸른 눈이 단풍으로 타오를 때까지 붉은 깃털이 낙엽으로 휘날릴 때까지

나는 너덜거리는 그림자를 달고 폭우 지나간 창틀 유리의 안쪽을 닦는 자

그리움은 언제나 맨 위쪽에 있거나 아래쪽에 있어
수도꼭지를 틀면 쏟아지는 번개이거나 천둥이거나

문득, 사라지는 것들에게 더 맑은 눈을 달아주기 위하여 둥글게 그려놓은 바닥은 어둠처럼 깊었다

짐승의 등을 파고 나무를 심었다, 움직이는 푸른 숲으로 녹음을 인 붉은 무리로
물은 일어서기 위해 나무를 키우고
물은 달리기 위해 짐승을 기르지만,

>

톱날의 갈퀴가 꽃으로 피는 벌목의 화원에서
터지는 물의 검은 비명들—총구의 부리가 날짖을 빠는 사냥의 공원에서
심장을 가진 나무 혹은 잎을 피운 짐승,
인간이 토해놓은 노을처럼

애초에 나는 흐린 피를 물려받았으므로
아무렇게나 고인 웅덩이와 몸을 바꿨다,

바닥에서 서서히 감기는 눈망울처럼
몸의 둘레가 벗어놓는 자리마다 너덜하게 새겨지는 그림자 그 얼룩으로 지워지며,
나는 뿌연 창의 안쪽에서 폭우를 기다린다

바위에 접붙인 아이들이 일제히 울음을 터뜨릴 때까지
울음을 매달고 자라는 아이들이 바위를 깨뜨릴 때까지

# 낯선 사람이 되는 시간

김소연

네 발 짐승이 고달픈 발을 혓바닥으로 어루만지는 시간. 누군가의 빨아 널은 운동화가 햇볕 아래 말라가는 시간. 그늘만 주어지면 어김없이 헐벗은 개 한 마리가 곤히 잠들지. 몸 바깥의 사물들이 그네처럼 조용히 흔들리고 있어.

(깊은 밤이라는 말은 있는데 왜 깊은 아침이란 말은 없는 걸까)

언덕 위 사원에는 감옥이 있었고, 감옥에는 돌 틈 사이 작은 균열에 대고 감옥 바깥의 사물들에게 끊임없이 혼잣말을 속삭이던 한 공주가 있었대. 감옥은 그녀를 가둘 수 있었겠지만 그녀의 속삭임만은 가둘 수가 없었대. 속삭임은 사람의 퇴화한 항수들을 들어 올려 안개처럼 난분분하게 흩어졌고 언젠간 소낙비처럼 우리 머리 위로 쏟아져 내려올 거래. 우린 비를 맞겠지. 물비린내를 맡겠지. 자귀나무가 수백 개의 팔을 쫙쫙 뻗어 이 모든 은혜들을 받아내겠지. 사방천지 검은 나무들이 나무이기를 방면하는 시간이 올 테지.

사람이 보트에 모터를 달기 위해 전념해오던 시간, 강물은 물총새의 날갯짓을 오랫동안 지켜보다 손바닥을 날개처럼 활짝 폈겠지. 그리곤 모난 바위를 동글동글하게 다듬었겠지. 그 바위들이 언덕 위로

굴러 올라가 사원의 탑이 되는 시간. 아무도 여기에 없었을 거야. 언제나 그런 때에 우린 그곳에 있지 않지. 단지 물가에 집을 짓고 어리석음을 자식에게 가르치고 자식의 이마 정중앙에 멍울을 새겨넣지. 격렬한 질문들을 가슴에 담고 자식들은 낙담한 채 고향을 떠나지. 강물이 보다 두터워지는 또 다른 아침. 물가에 나가 겨드랑이를 씻고 사타구니를 씻는 부모들은 자신의 선의를 반성하지 않은 채 수많은 아침을 맞지.

이제 나는 사원 너머 시장 골목 어귀에 먼지를 뽀얗게 얹은 채 졸고 있는 작은 우체국에 갈 거야. 너의 질문에 대한 나의 질문이 시작되는 아침. 우리가 잘못되기 시작한 건 허무를 이해하기 시작한 그때부터가 아닐까. 나는 조용히 아랫입술을 깨물며 돌계단에 앉아 강물에 비친 검은 얼굴을 보고 있어.

(아침에 보던 것들은 다음날 아침에야 다시 볼 수가 있겠지)

오늘은 무얼 할까. 맨발의 사람들이 두 팔을 힘껏 써서 너럭바위에 이불 빨래를 너는 시간. 세찬 비는 어제의 일이고 거센 강물은 오늘의 일이 되는 시간.

# 강

천양희

물방울이 물속을 들락거린다 저 길 어디에 수궁水宮이 있어 저물도록 물새들이 발자국 남기고 배들은 젖어 뒤척인단 말인가 실버들에 기대어 나는 머리 숙인 산그늘을 바라본다 날씨가 싸늘하지? 산다는 건 이런 느낌이야 세찬 물결이 내 가슴팍을 한번 툭, 치고 간다 서늘한 기분 서울 서울은 물속인가 수족관인가 웬 물고기가 꼬리를 물고 자맥질한다 물길 숨긴 듯 소용돌이며 용솟음인 채 물보라에 쓸려 기우뚱거린다 그때마다 물살 가르는 물방개 물뱀들 강은 슬그머니 움켜쥔 물새들을 놓아버린다 수초처럼 솟아나는 마음의 파문이여 수심은 강의 파문일 뿐 인심人心일 수 없으니 한동안 건너오지 않는다 이런 것이다 마음이란 그럴듯한 변명의 방파제를 하나씩 갖고 있다 또한 물기란 얼마나 생생한 생生의 물방울을 퉁겨내는가 한때 물 좋아 배 띄우던 사람들 또 강풍을 놓치고 서성거린다 이렇게 강이 끌고가는 길에 수면은 몇 겹의 물굽이를 숨기고 있는지 말이 없고 나는 새삼 저 물에 대해, 생에 대해 말하지 않으련다 흐를 대로 흐른 물은 이제 소리 내어 흐르지 않는다

# 2부

## 노래는 하나둘 모래무덤 속으로 걸어들어가고

# 성장

이시영

바다가 가까워지자 어린 강물은 엄마 손을 더욱 꼭 그러쥔 채 놓지 않았습니다. 그러다가 그만 거대한 파도의 뱃속으로 뛰어드는 꿈을 꾸다 엄마 손을 아득히 놓치고 말았습니다. 그래 잘 가거라 내 아들아. 이제부터는 크고 다른 삶을 살아야 된단다. 엄마 강물은 새벽 강에 시린 몸을 한번 뒤채고는 오리처럼 순한 머리를 돌려 반짝이는 은어들의 길을 따라 산골로 조용히 돌아왔습니다.

# 낙동강

강은교

내가 가까이 가자
필사적으로 햇빛을 붙들고 있던 강이 묵묵히 굶은 어깨를 내보였다.

내가 가까이 가자
필사적으로 바람을 붙들고 있던 강 곁, 나무 한 그루가 다소곳이 얽은 허리와 얼룩 잎을 내보였다.

내가 가까이 가자 필사적으로 물을 붙들고 있던 작은 배 몇 척이 헌데투성이 얼굴을 씻고 있다가 힐끔 나를 바라보았다.

끙끙—끙끙—

신음소리 새나는
보랏빛 입술.

# 장마

이상국

여우별 틈새로
부자가 투망을 한다
아버지가 멀리 그물을 던지면
강둑에서 아들이 지르는 소리가
멀리까지 들린다
장마다
큰물 지자 살던 집을 잃고
우왕좌왕하는 물고기들을
그들은 노리는 것이다
큰일 났다고 물고기들은
죽을힘을 다해 피난길에 오르고
식구들을 즐겁게 해주기 위하여
아버지가 힘껏 그물을 던지면
응원하는 아들의 목소리가
강둑을 울린다
그걸 사냥 나온 황새가
다 보고 있다

# 내 목구멍 속에 걸린 영산강

**손택수**

두엄자리에서 지렁이가 운다. 지렁이 울면 낭창한 대 하나 꺾고 낚시를 가시던 할아버지.

그날 붕어조림을 삼키면서 나는 붕어가 삼킨 지렁이, 목구멍에 걸린 것처럼 헛구역질을 하고 말았는데

지렁이가 할아버지를 삼킬 줄은 꿈에도 몰랐다. 할아버지가 삼킨 붕어와 붕어가 삼킨 지렁이 자디잔 흙알갱이가 되어 지렁이 주둥이 속으로 빨려들 줄은 몰랐다.

비 내린 뒤의 영산강변 할아버지 무덤가에 지렁이가 기어간다. 그래 지구상의 모든 흙은 한번쯤 지렁이의 몸을 통과했다.*

머잖아 저 몸속에서 붕어를 삼킨 할아버지와 내가 머리 딱 부딪치며 우르릉 쾅쾅 천둥번개 치는 시간 있겠구나.

주물럭주물럭 시간대를 마구 뒤섞는 장운동, 저 몸속으로 산맥 하나가 통째로 빨려들어가고 말랑말랑한 반죽물 밭이랑 논이랑이 되어 꿈틀꿈틀 빠져나올 수도 있겠구나.

>

강 주둥이에 아침부터 누가 철근을 박고 있다. 뿌연 흙먼지를 일으키며 시멘트를 퍼붓고 있다. 컥컥 헛구역질을 하며 강이 움찔거린다.

* 다원의 말.

# 꽃양초

김성규

늙은이들이 강가에 모여 꽃양초를 띄우네
손이 발이 되도록 빌며
어두운 강에 머리를 조아리네
붉은 글씨를 등에 새긴 거북이들
찬 물속으로 기어들어가네

몸을 풀고 누운 여자처럼 퍼져 흐르는 강
글씨가 지워지기 전에 죽은 거북이들
몸 뒤집고 물 위로 떠오르네
한 겹씩 기억을 풀어내며
노파의 발끝에서 부서지는 물결이여

띵띵 불은 자식의 얼굴을 껴안고
딱딱해지는 자식의 팔다리를 주물러도
머리를 수면에 반쯤 내민 거북이들
물결을 몸에 감으며 저편으로 헤엄치네

강물에 내 피를 모두 풀어주고 싶은 날
불꽃과 불꽃이 핏줄 속에서 출렁이는 날

강가에 앉아 자식의 이름을 부르는 날
죽은 자식 헤엄치는 소리를 내며
강물이 노파의 눈 속으로 흘러들어오네

몸 웅크린 노파여
이제는 살아 죽어갈 일만 남았네
그대 눈동자 속 영원히 흐르는 강이 있네
그대 주름진 눈에서 불꽃이 흘러내리네

# 강

이경림

어머니!
아직 거기 계세요?
쭈글쭈글한 뱃살을 쉬임 없이 일렁이며
그렇게 누워 계세요?
그 속에 왜가리들 주둥이 박고
잔고기 꺼내 먹으라고
골뱅이 같은 시간들 다 꺼내가라고
금강모치 버들치 산천어 아람치 갈겨니
모래무지 쏘가리 은어 쉬리 퉁가리 피라미 같은
순한 것들 좀 보라고
그 사무치는 고향 좀 보라고
한켠에선 우악스런 손이
그 속 다 훑어내는 줄도 모르고
속이 온통 흙탕이 되는 줄도 모르고
거기 내려와 흠뻑 젖어 놀던
해, 달, 별, 모두 혼비백산 달아난 줄도 모르고
하염없이……그렇게……
알몸으로 계시는 거예요?
다만 몇 치 앞을 볼 수 있을 뿐인 우리는

왜 밤마다 당신이 흐느끼는 소리로
시름겨운 이들의 잠을 흔들며
마을의 골목들을 지나
산 중턱 절 마당까지 올라서는 가만가만
풍경을 흔들어보다가
성난 목탁 소리로 내려오는지
왜 당신이 쉼 없이 제 살 버리며
어느 급한 굽이에선 너털웃음 터트리며
온몸으로 부서져 내리는지
왜 유리같이 희고 투명하던 당신의 살이
청동 빛으로 깊어지는지
온갖 골짜기들을 다 어르며 달래며 흘러온
당신들이 끝내 바다가 되는지
몰라요 아아
아무도 몰라요

# 꼬리조팝나무

박형준

강물을 바라보며
아버지의 여자가 머리를 빗네
난 침목을 밟으며 건너가지
젊은 날의 아버지가 자전거를 끌고
강물 위를 건너 집으로 돌아가지
자전거 바퀴살에서 은빛 물살이 흘러가고
난 기적汽笛이 우는 소리를 듣네
아버지가 고개를 돌리자
여자가 강물에 빗을 떨어뜨리네
자전거가 강물에 꽂혀 있고
아버지는 자전거를 떠나며
허공을 몇 걸음 밟고 있네
난 젊은 아버지처럼 고개를 뒤로 돌리네
강물 아래로 여자가 빠뜨린 빗이
푸른 물살의 침묵을 빗어내리고 있네
읍내에서 집으로 가려면
강물을 건너야 한다네
난 읍내로 가기 위해 신작로 대신
철길의 껌종이를 주우며 걸었지

치약 먹은 듯 화한 여자들이 접혀 있는
껌종이 속에서 서울로 가는 기차 소리를 맡으며 자랐지
이제 난 철길의 침목을 밟으며
아버지의 무덤을 향해 돌아간다네
강물에서 돌아온 아버지는
단 한 번도 그 일을 입 밖에 꺼내지 않았네
거동을 하게 되자
싸리빗자루로 마당을 쓸기만 하였네
아침마다 빗살무늬 토기 같은 무늬가 집에 새겨지고
마을 입구 자신의 밭에 가서
허리를 수그리고 일을 하였지
아버지가 마당에 남겼던 빗살무늬 자국은
밭에서 자랐지 여자가 벗어넘긴 푸른 물살이 넘실거렸지
광에 거꾸로 처박힌 부서진 자전거 바퀴가
가끔 바람에 허공을 몇 걸음 밟아나간 날도 있었지
수그린 허리가 더 펴지지 않게 된 날
아버지는 드디어 침묵에서 놓여나 밭가에 무덤이 되었네
그 뒤로 누구도 아버지의 노동에 손대지 않았네
아지랑이와 풀씨로 뒤덮인 밭은 점점 형체를 잃어갔고

난 집을 떠났던 대로 철길을 다시 걸어와
천하룻밤이 흘러 아버지의 무덤에 돌아왔지
아버지는 죽어서 동산을 가졌다네
고개를 돌려 밭을 바라보자
기모노를 입은 듯
꼬리조팝나무가 밭가에 가득 넘실거리네
난 신작로 대신 레일 같은 강물 위를
자전거를 타고 미끄러져 도망치네
젊은 아버지의 단 하룻밤 꿈을 꾸네
아지랑이 가물거리는 강물 아래로
여자가 기적汽笛처럼 물결에 발목을 적시네
손에 쥔 빗으로
서녘을 빗어내리고 있네
저무는 밭에 기모노가 흔들리네
분홍 하늘에 여자가 떨어뜨린 빗이 떠가네

# 섬진강에는 어머니가 살고 계신다

나종영

섬진강에는 어머니가 살고 계신다
버들치 모래무지 가시고기가 어우러져 사는
섬진강에는 나를 생명으로 낳아주신
어머니가 살고 계신다
자가사리 각시붕어 은구어가 사는
섬진강에는 자궁 안에 나를 품어 숨결을 주신
어머니가 살고 계신다
데미샘에서 장구목을 돌아 오백 리
하동 포구 이르는 길에 꽃그늘을 만들어주는
산벚꽃이며 층층나무며, 강기슭 서 있는 느티나무 한 그루에도
어머니의 어머니 그 어머니의 어머니가
수백 년 수천 년 세월을 넘어 살아 계시니
나 여기 섬진강 강가 흰 모래사장에
무릎 꿇고 정중히 엎드려 경배하노니
어머니, 강물을 생명을 자연을 잘 모시지 못한
이 불효자식을 단 한번만 용서하시라
다시는 포클레인으로 무자비한 삽질로 입바른 거짓으로
당신의 영혼을 함부로 더럽히지 않을지니
어머니, 단 한번만 참회의 눈물을 닦아주시라

섬진강을 내려다보는 지리산 기슭 수백 년 아름드리 큰 소나무가
어머니의 어머니 그 어머니에
어머니와 함께 대대로 살아온 것처럼
버들치 쏘가리 다슬기 강조개가 수천 년을 사는
섬진강 맑은 물 흘러 흘러가는 물줄기 속에는
치맛자락을 훔치며 평생 조심조심 맨발로 강물을 건너가는
나의 어머니, 우리의 어머니가 살아 계신다.

# 천변 동네

하종오

제방이 무너져 물이 밀려왔다
가내공장 지하방에 스며든 물이
지상으로 일시에 차올랐다

장마가 지나간 후 주민들은
가내공장에서 하천에다 내다버려서
지하방으로 떠밀려 들어온
폐기물을 쓸어 모아놓은 뒤
제방을 다듬어 산책로를 내고는
가장자리에 여러 가지 나무를 심었다

한동네에서 가내공장 다니는 주민들은
제방에 나와 띄엄띄엄 앉아 쉬었고
하천을 퍼덕퍼덕 거슬러 오르는 물고기 떼는
물결을 슬쩍슬쩍 지느러미로 후무렸다

명자나무 밑에선 여자들이 명자나무 그늘을 품다가
서어나무 밑에선 남자들이 서어나무 그늘을 높이다가
층층나무 밑에선 젊은이들이 층층나무 그늘을 흔들다가

느티나무 밑에선 늙은이들이 느티나무 그늘을 넓히다가
해가 저물면 저마다 지하방 가내공장으로 밤일하러 돌아갔다

하천을 흐르는 물결이
잉어들과 자갈 위를 지날 땐 쟁강, 쟁강거렸고
피라미들과 모래 틈으로 스밀 땐 버석, 버석거렸고
붕어들과 물풀 사이로 스쳐갈 땐 서걱, 서걱거렸다

# 모래무덤

**김사이**

숨소리도 없이, 웃지 못한다
내 웃음까지 빼어간 슬픈 폭력
창백한 물빛
빈곤해지는 가슴

강바닥을 긁어 퍼낸 모래
논밭을 덮고 숲을 덮는다
가난한 삶에 와르르 쏟아진다
낭창낭창 휘어지는 여인의 허리처럼
곡선으로 흐르는 강줄기가
패인 몸을 뒤튼다

물을 맑게 하고 피를 맑게 하는 모래
정처가 없어져 바람에 떠도네
영혼을 잃어버린 자들
내 아이의 꿈마저 모래무덤에 바치며
분노할 새도 없이
강물보다 더 앞서 흘러가는 시간
사막이 되어가는 삶

>

먼 훗날 지구는 둥글지 아니하겠다
훗날 아이들의 시는,
노래는,
하나둘 모래무덤 속으로 걸어 들어가고

# 영산포 장

**조정**

조부님도 굼실거리는 사람들 사이 기웃거리셨다
죽상어가 쿡쿡 물 함지 옆구리에 대가리를 박았다
—니기미 바다가 몸뚱이만 하게 줄었네

검정 전선으로 엮은 장바구니 꼭 쥐고 여기저기
나는 서 있었다

새벽부터 범람하여 강둑 난장 절벅거리며 돌아다니던 강이
홍어 콧잔등 콱
찍어 던져주던
곰삭아
이젠 사라져버린 영산포에서

영암 용댕이로 흐르는 물결 거슬러 오던 점 하나가
배가 되더니
힘찬 호령 같은 황포 돛단배가 되더니
비긋이 강심으로부터 포구로
몸을 돌리는 중이었다

>

이후로 내가 누구를 사랑할 수 있었으랴
배가 나를 가르고 들어와 나 모르는 곳으로 가버리던 순간 외에
휘어지는 대목마다 여지없이 무릎 뼈가 빛나던 강 그늘 외에

열 살 먹은 힘을 다하여 장바구니 꼭 쥔 채
눈부신 것들이 지니는 차고 캄캄한 이면에 대해
침묵하는 법 쪽으로
나는 서 있었다

# 강

**전기철**

강물은 그냥 흐르게 둬라.
산에 막히면
산을 껴안고 돌고
들을 만나면
팔 벌려 달려가니
마냥 흐르게 둬라.

하늘의 별처럼 맘껏
떠도는 바람처럼
큰비가 내리면
큰물 지고
가물면
우리네와 함께 마른다. 강물은

역사이고 삶이니
흘러서 동네를 짓고
멈춰서 전설을 만들며
오천년 한반도의 애환이
물길 따라 이어졌지 않느냐.

>

모든 이름들이 아직도 숨 쉬고
모든 이야기들이 출렁이는
개구리밥이나 물여뀌와 더불어
둥둥 떠가고 있지 않느냐

강물은 저대로 흐르도록 둬라.
강물에는 자유의 정신이 있고
예술의 혼이 있고
소원을 비는 촛불처럼 울렁이는
우리들의 가슴이 있지 않느냐.

# 금강

김백겸

잘 알고 있다고 생각했던 금강은 낯선 연인이었습니다
대평리를 지나 금강을 따라가다가 금강보를 만들고 있는 곰나루에 왔습니다
강바닥에 철근이 꽂히고 갑문을 위한 시멘트 구조물이 올라가고 있었습니다
나는 자연과의 불륜을 향해 드라이브를 했으나
자본과 문명이 먼저 자신의 욕망을 위해 내 연인을 차지했습니다
금강보 안에 갇혀 있는 강물이 나라의 물 부족을 해결할지
강의 생명을 가두는 감옥이 될지 공사 조감도만으로는 알 수 없었습니다
꽃뱀처럼 웅크린 금강 바닥으로부터
포클레인은 모래를 떠서 산더미처럼 쌓았습니다

들장미가 에덴의 뱀처럼 붉은 눈으로 나를 쳐다보았습니다
수녀 같은 모습을 한 개망초가 얼굴이 새파랗게 질려 침묵했습니다
지평선에 걸린 교회의 종탑이 구원을 선전했으나 울리지 않는 종이었습니다
묘지의 묘비명에서 흘러나온 예언이 호수를 이루었습니다
흰 날개의 학들이 날아가자 구름이 몰린 저녁 하늘을 더욱 검게 만

들었습니다
금강에 대한 내 사랑의 기쁨이 돌처럼 굳었습니다
나는 아벨을 죽인 카인의 표지를 달고 금강으로부터 귀가했습니다

# 푸른 외투

이진희

그녀가 태초에
조물주에게서 선물 받은
푸른 외투는 누구나 탐낼 만하였다
봄부터 여름 그리고 겨울까지
단 한 벌로도 시시각각 변화무쌍한
무늬 소리 냄새

제비꽃과 빗방울
들오리와 새끼 고라니의 울음
억새 수풀에는 펄, 펄펄, 펄펄 흰 눈
어느 솔기를 펼쳐도 아름다웠다

느닷없이, 강력하게
그녀의 외투가 너무 구식이고 낡았으니
새 외투로 갈아입혀야 한다는 주장이
제기되었다 호시탐탐
외투를 탐내던 이들의 농간
어떤 거짓말도 가능케 하는 탐욕은
보다 아름다운 외투를 약속하고는

그녀의 외투를 벗겨낸다면서
여린 속살까지 헤집었다

그들도 그녀에게
푸른 외투를 선물할 것이라 한다
견고하고 튼튼한 외투

그녀의 쓰라린 살갗에 콘크리트를 덮어
초록 페인트를 들이붓고는
스스로 갈아입지 못하게 깃을 꼭꼭 여밀 것이라고
이 얼마나 아름다운 푸른 외투인 것이냐
더없이 만족스러운 미소를 띠며

# 여름 수련회

박상수

다리는 소리 없이 무너졌다 나무를 골라내어 지지대를 만들었지만 오래 버티지 못했다 좀 더 높은 언덕으로 식기들을 날랐다 깨진 심벌즈가 쏟아지듯 비가 내렸다 다음날은 잠깐 해가 들었다 서로에게 잘 보이기 위해 머리를 빗었다 앞으로 남은 기간 미정, 그래도 좋은 진화한다 토사가 넘치면서 제일 약한 소녀가 고꾸라졌다 떠내려가는 동안 단 두 개의 체절이 움직이고 있었다 알을 슬기 위한 마지막 몸짓 같았다 다시 비가 쏟아졌다 강물은 천막 바로 밑까지 밀고 올라왔다 즙이 많은 뇌를 가지고 있다는 건 행복일까 불행일까, 하나둘 쓰러져가는 사람들이 늘어났다 돌아오지 못할 사람들은 나무기둥에 묶어 땅에 박았다 랜턴을 들고 밖으로 나갔을 땐 간신히 저쪽으로 헤엄쳐가다가 휩쓸려 떠내려가는 동물들이 보였다 천막을 버리고 마지막 하나를 나누어 든 채 더 위로 물러났다 인간은 씹히기에 부드러운 고기.

# 소문에 따르면

길상호

혈관을 헹궈내고 싶은 날에는 금강에 찾아가곤 했어, 울퉁불퉁 자갈 침대에 누워 피 말리던 날들을 떠올렸어, 돌보다 딱딱한 어깨는 바닥에 닿자마자 실금이 갔고 땀샘마다 들어찬 모래가 서걱거렸어, 강 따라 흐르는 물소리를 끌어다 혈관에 꽂고서야 다시 심장은 제 박자를 찾았어, 어름치가 물길을 타고 들어와 뻐끔뻐끔 심장의 불을 식혀 준 거야, 물줄기에 녹아든 산 그림자를 덮고 수심 깊은 잠을 잘 수 있었어, 그런데 얼마 전부터 흉흉한 소문이 흘러들기 시작했어, 소문에 따르면 강은 불어 터진 비린내와 물살의 비명만 출렁인다 했어, 자궁을 드러낸 자리 질질 피를 흘리는 강물 혈관에 꽂고 사람들은 시름시름 앓는다 했어, 강의 맥을 짚어보니 점점 잦아드는 숨소리만 잡힌다 했어.

# 편지

박두규

누님, 수건 하나 목에 걸고 집 앞의 냇가로 세수하러 가던 아침 생각납니까? 돌담 보루대 위로 활짝 핀 나팔꽃들이 기어오르고 풀밭길 이슬에 젖어 발등이 차갑던 아침. 나는 물안개 피어오르는 강가에 앉아 먼 산을 바라보며 잠이 덜 깬 채 앉아 있으면 누나는 내 얼굴을 쓱쓱 문질러주고 활짝 핀 나팔꽃을 손에 쥐어주었지요. 누님은 나이 스물에 일본으로 가고 그 아침도 따라서 바다를 건넜지만, 내 가파른 마음자리 어느 구석엔 아직도 빛 하나 바래지 않은 풍경으로 살아 있지요. 세월이 깊어갈수록 지워지지 않고 되살아오는 것들은 그 시절입니다. 사람들이 쓸쓸해지고 밤하늘의 별빛조차 야위어가면 누님의 활짝 핀 나팔꽃이 떠오릅니다. 이른 아침, 물안개 피어오르는 강가에 철부지 어린아이로 앉아 아무런 생각도 없이 먼 산만 바라보고 싶습니다. 그 옆엔 누님이 있겠지요. 깨끗한 수건 한 장을 들고.

# 인간들의 저물녘
## — 붉은 강

**김일영**

새 그림자 올려놓은 수면,
풀벌레들은 제 외로움의 크기로 운다
낮은 곳으로 흘러가는 시간,
사랑도 울다 지치면
강물 따라 갔다가
새가 품고 온 체온으로 돌아오는 거라고

기억 이전을 걸어가는 별들이
소녀처럼 눈을 뜰 때
강이 보낸 소쩍새 한 마리
꿈의 입구까지 동행해주었다

눈 맑은 짐승들 숨어 떠는 여기
새들 날아간다
가도 가도 악몽 속을
새가 날아간다
다시는 돌아올 수 없는 강을 울면서
도착지도 없이 새는 날아가고
목마른 새의 항로가

우리 탁한 시간으로 날아와 박힌다

강물이 죽은 짐승 같은 강둑을 끌고
사막으로 데려가는 인간들의 저물녘
새는
핏발 선 눈을 바위처럼 닫아버린다

# 3부

## 산 채로 껍질이 벗겨진 한 마리 거대한 짐승을 보았다

# 놀란 강, 아니고

공광규

강물은 몸에
하늘과 구름과 산과 초목을 탁본하는데
모래밭은 몸에
물의 겸손을 지문으로 남기는데
새들은 지문 위에
발자국 낙관을 마구 찍어대는데
사람도 가서 발자국 낙관을
꾹꾹 찍고 돌아오는데
그래서 강은 수천 리 화선지인데
수만 리 비단인데
해와 달과 구름과 새들이
얼굴을 고치며 가는 수억 장 거울인데
갈대들이 하루 종일 시를 쓰는
수십억 장 원고지인데
그걸 어쩌겠다고?
쇠붙이와 기계 소리에 놀라서
파랗게 질린 강
아니고, 지금은 피 흘리는 강.

# 망각은 없다

진은영

세상에서 나를 제일 증오하던 이가 죽었다
그는 다시 태어나 내 몸이 되었다

세상에서 내가 가장 사랑했던 이가 죽어
그는 강이 되었다

　　그는 나의 정오, 나의 자정
　　부드러운 머릿결이
　　모든 계절에 과일과 별의 향기를 뿌리며 네 개의 강으로 지나
　　갔다

어린 시절 읽었던 천일야화 속에서 어느 왕국의 사람들은
모두 물고기가 되었다
그들은 물을 따라 허락 없이 흘러다녔다 그래서

세상에서 강을 제일 증오하던 왕이 있었다
그는 죽었다
태어나 정치가가 되었다

>

세상에서 강을 제일 증오하던 왕이 있었다
나는 죽었다 다시 태어나
그를 정치가로 만들었다

나는 세상에서 가장 사랑했던 것을
가장 증오하는 사람

거기는 나의 정오, 나의 자정
나의 꿀, 나의 담즙, 나의 거기

어린 시절 천일야화 속에서 어느 도시의 사람들은
모두 물고기가 되었다 강은 죽었다가

곧 태어나 내 몸이 되어 올 것이다
신비한 질병과 미지의 악취를 릴레이 주자의 날쌘 팔다리처럼 달고서

어떤 시절에 어느 도시의 사람들은
모두 물고기였다 한때 그들은 제 생각을 따라

텅 빈 광장으로 물처럼 흘러갔다

# 투망을 던지며

문동만

나는 믿지 않는 병이 깊어서 샛강에서 투망을 던진다
오늘은 난파한 배와 편대로 유영하는 로봇물고기와 상어처럼 왔다가 고래처럼 사라진 녹슨 잠수정이 잡혔다

갖은 비웃음으로 새어나가는 비밀이, 다급할수록 그물 속에서 파닥거리는 날렵한 거짓말들이 순식간에 그물 속에 가득 찼다

나의 구럭은 벌써 무겁다, 갖은 의문을 안고 사라진 (이를테면 백령도의 까나리) 물고기들로 충분하므로, 깨지지 않았던 신묘한 형광등과 어떤 내외상도 없는 가여운 사체들로 가득 찼으므로

그때 그물 사이로 빠져나간 치어들이 일각고래로 자라나 얼어붙은 입들을 깨며 도도히 귀환하기도 하겠지

어쩌나, 짧게 뻐끔거렸던 입과 입이여, 누치와 꺽지와 모래무지와 잉어의 진흙 낀 아가미여, 부디 어디에 알이나 슬어두고 죽은 것이냐

우리는 20년 뒤면 자연사할 위대한 '보'교의 창시자에 맞서
'보'교의 반대자가 되어 죽기 살기로 싸움이나 하다가, 썩은 대가리

들이나 건져내는 의심의 천렵이나 하다가 가끔,

나는 그 슬픔들을 거짓말들은 소읍에 나가 싸게 팔아볼까도 한다

# 강은 흘러라

**최종천**

인간은 같은 강물에 두 번 들어갈 수 없다
나는 그러한 강의 처녀성이 탐이 나서
알몸으로 강에 잠기곤 한다
물이란 다스릴 필요조차 없는 지속이다
물속의 모든 생명체는 알몸을 하고 있고
물에 들어서도 여전히 벗겨지지 않는 나여
물속에서도 고여 있는 나, 라는 덩어리는
흐르지 않고 떠내려갈 뿐이네
나 이대로 떠내려가서
한강의 물고기처럼 떠오를 것이다
한강에 떠오르는 물고기들은 더 이상
인간과 같이 알몸이 아닌 것이다
강에 물이 아닌 문화를 흐르게 하겠다고
정신 나간 누군가가 말한다, 그렇다
죽어서 떠오르는 것들은 물이 아닌 문화를 마셨기 때문이다
누가 한강에서 목욕이라도 할 수 있겠는가?
그 강에서는 그 무엇도 그저 떠내려갈 뿐이다
강에 물이 아닌 문화가 흐르게 된다면
인간이 알몸일 수 있는 곳이 없다

나는 때때로 에덴의 동쪽으로 들어가
알몸이 되고 싶다, 모든 강은
에덴의 동쪽으로 흐르고 있다
"네가 알몸이라고 누가 일러주더냐."
지구는 양수에 쌓인 알몸이다
물의 알몸에 옷을 입히는 자에게
그 갑옷을 벗기고 물을 강간하는 인간에게
부디 저주가 깃들기를!
물과 살을 섞지 못할 때
인간이라는 종은 멸망할 것이다.

# 지상의 은하수여, 촛불의 강이여!

이원규

나 아직 어렸을 때 낙동강 상류에 살았지요
어둑어둑 하내리의 강둑길에 쪼그려 앉아
점촌장에 간 어머니를 기다릴 때면
단지 배가 조금 고팠을 뿐
구랑비리 휘감아 도는 강물의 낮은 목소리가 있어
외롭지 않았지요 무섭지도 않았지요

물수제비를 날리며 강에게 말을 걸다가
어머니가 나의 뺨에 얼굴을 비비듯이 나 또한 오래도록
강물의 눈빛에 나의 눈빛을 맞추었습니다
강물의 입술에 나의 입술을 맞추었습니다
강물의 귀에 나의 귀를 기울이고
강물의 코에 나의 코를 비비고
강물의 손에 나의 손을 내밀었습니다
이전에도 강물은 꼭 그렇게 어머니처럼 흐르고
이후에도 강물은 꼭 그렇게 어머니처럼 흘러왔지요

그러나 강은 이제 그날의 강물이 아니었습니다
예전처럼 아무리 얼굴을 비비려 해도

강의 눈빛은 벌겋게 충혈돼 있고
강의 입술은 새파랗게 질려 있고
강의 귀는 찢어지고, 강의 코는 문드러지고, 강의 손은 뭉개지고
강의 내장마저 다 파헤쳐지고
대체 이 무슨 악몽인지요
한반도 유사 이래 이 무슨 역천의 대재앙인지요

강변에서 발만 동동 구르다
재작년 1월부터 수경 스님 등의 종교인들과 더불어
4대강 3,000리 길을 103일 동안 걸었지요
생명의 강을 모시는 순례단은 강을 따라 걷고 또 걸으며
두 눈 똑바로 뜨고 보았지요
한반도 대운하라는 유령이 4대강을 뒤덮더니
치수의 뱃길 물길로 가면을 바꿔 쓰고
물류혁명과 관광에서 또다시 강 살리기며 정비사업으로
후안무치의 사기꾼처럼 슬그머니 그 이름표만 바꾸는 것을

이미 처방전이 내려진 장염이나 비염 정도의 환자를
사망 직전의 중환자처럼 수술대 위에 묶어놓고

전신마취 주사를 놓은 뒤
포클레인과 대형트럭을 동원해
강의 내장인 자갈이며 모래며 물버들이며 갈대를 걷어내고
강의 명치와 목울대와 인중 이마 정수리에 철근을 박으며
강의 배꼽과 척추 마디마디에 콘크리트 옹벽을 치고
수변습지에 탈모의 항암치료제를 투여하며
어머니 강의 얼굴에 함부로 성형수술을 하려는 것을
두 눈 똑바로 뜨고 보았지요

그러나 이전에도 강물은 꼭 그렇게 어머니처럼 흐르고
이후에도 강물은 꼭 그렇게 흘러야만 합니다
그리하여 다시금 강변에 나아가 어머니가 우리 이름을 부르듯이
낙동강이여 남한강이여 영산강이여 금강이여
그 눈물겨운 이름들을 목놓아 부르며
마침내 위기에 처한 저 강들의 안부를 물을 때가 왔습니다

우리가 애써 외면하거나 우리가 곤하게 잠든 사이에도
밤마다 저 강물 위로 별들은 내려왔습니다
지상의 모든 강은 별들이 흐르는 은하수였으니

이제 우리도 날마다 저 강에 나아가
별 하나에 나의 촛불 하나를 켜고
별 하나에 너의 촛불 하나를 켜고
버들치며 풀이며 강변 당산나무에도 촛불을 켜다 보면
별들의 강이여, 촛불이 흐르는 우리들의 강물이여!
아아, 빛나면서 되살아 흐르는 지상의 은하수여!
대재앙의 악몽은 말 그대로 악몽일 뿐
그저 아주 잠깐의 꿈일 뿐
우리도 저 강물처럼 유장하게 미래세대에게로 흘러가야겠지요

그리하여 두 눈을 감아도 다 보입니다
마침내 환하게 다 보입니다
백년 천년 뒤에도 아직 어린 누군가 강변에 나와
강물의 눈빛에 저의 눈빛을 맞추고 있습니다
강물의 귀에 가만히 저의 귀를 기울이고
강물의 입술에 입술을 맞추고, 강물의 코에 코를 비비고
강물의 손에 살그머니 저의 손을 내밀고 있습니다

우리는 모두 저 푸른 생명의 강

어머니의 젖을 빠는 한 마리 어린 물고기일 뿐입니다

# 세상은 그 누구의 것도 아니리니

**임동확**

누군가 지금도 눈에 보이는 것만이 전부라는 듯
한 겹 벗겨보면 너무나도 활발한 심장을 가진
당장 눈에 보이지 않는 것들의 가쁜 숨구멍들,
무수한 관계의 입술들을 시멘트로 처바르는
어처구니없는 일들이 벌어지고 있다
때 아닌 능률과 실질을 숭상하는 실용주의자들이
하루아침에 굴삭기로 강바닥을 도려내고
하루아침에 천년, 만년에도 가물지 않던
물길을 죽음의 댐으로 가두려 하고 있다

손에 잡히는 것만을 중시하는 어설픈 유물론자,
제대로 된 꿈 하나 없는 지루한 현실의 진화론자들이
그저 하잘것없고, 보잘것없을 것 같은 강물 속의 수초들과
그 속에 알을 까는 각시붕어와 버들치들, 그리고 강변의 갈대들과
그 위를 나는 물총새와 왕잠자리들이 펼치는 여름날의 향연을
애써 무시하며 강바닥의 모래와 자갈을 연신 퍼내고 있다

그러나 기껏해야 시대착오적인 개발 지상주의자여
낡고 무모한 신념 또는 이념의 집행자들이여

결코 잊지 마라, 어느 인간도 이 세상의 주인이 아니라는 것을
최소한 제 목숨마저도 제 것이라 말할 수 없으며,
세상에 존재하는 그 무엇 하나 그저 이유 없이 존재하지 않는다는 것을

그리하여 강물이 산을 넘고, 배가 산으로 올라가는
무지하고 무자비한 역행의 역사까지 동의한 것이 아니며,
기껏해야 오 년, 십 년도 버티지 못하는
어느 광기 어린 독재자의 망상까지 다 찬성한 건 아니라는 것을

구부러지거나 느리게 흘러가는 대로 당당하게 빛나던 삶의 추억들이여
당장의 성과와 눈앞의 이익 때문에 제 영혼을 자본의 매음굴에 넘기지 마라
그리하여 결국은 임시변통일 뿐인 한 정파의 정강을 위해 연한 진흙을
연신 삼키고 내뱉으며 살쪄가는 미꾸리들의 평화를 방해하려 들지 마라

>

잘났거나 못났거나 모두들 언젠가 한번은 빛나고 마는, 저 아무것도 아닌 것들

그러나 한 푼의 돈이나 물질로 살 수도, 대신할 수도 없는 찬란한 무한들은

겨우 몇 사람의 밥그릇과 욕망의 주머니를 채우기 위한 것일 수 없으리니

한낱 스쳐 지나갈 뿐인 한 정객의 천박한 야망을 위한 먹이는 더더욱 아니리니

# 강

도종환

할머니 한 분 또 돌아가셨다
오래오래 고요하게 흘러오신 분
송사리 모래무지 쑥부쟁이와 함께
순하고 숫되던 분
물가에 복사꽃 수줍던 날
속적삼 갈기갈기 찢어지고
삽날에 찍혀 단속곳 피 낭자하던 날
발기한 중장비들 으르렁거리며 밀려오던 날
비명도 통곡도 흙탕물에 휘감겨 떠내려가던 날
어린 몸을 낮밤없이 파헤쳐가고 들쑤셔놓던 날
군속인지 업자인지 구분이 안 되는 놈들이
여기까지 왔는데 어쩌겠냐고
전쟁 중이라 나도 힘들다고
너희도 좋은 거 아니냐고
군표 딱지 나누어주며 속도전을 펴던 날
한 생애가 거기서 허리 꺾여 무참하던 날
그 뒤로 오래오래 꽃잎은 하염없이 지고
나머지 생이 모두 하염없었고
되돌려놓을 수 없는 청춘 무참하였고

여윈 손들끼리 모여 항의집회와 소송과 모멸과
공탁금과 치 떨리는 순간들과
대답 없는 한 시대가
생의 나머지 물줄기를 채운 뒤
속절없이 할머니 한 분 또 돌아가셨다

# 이제 님의 얼굴을 바라볼 수가 없네

**이승철**

오늘 세상이 저토록 생기를 잃고 떠나가고 있다. 강물 끝자락엔 고개 숙인 님 그림자가 새록새록 잦아들고 황량한 들녘에선 헛헛한 소리만 귓전을 떠돌고 있다. 돌아보니, 나의 옛사랑이 무참한 삽날 아래 형체도 없이 사라지고 있었다. 누구 탓인지 구태여 말하지 않겠다. 비췻빛 형형한 눈동자는 서해 일몰처럼 곤두박질쳤고 길길이 날뛰던 잡것들이 님의 몸통을 갈가리 발가벗겨 만신창이로 모래무지 너머에 처박아두고 있었다. 노란 손수건처럼 흔들려 다가서던 갈대숲들은 모두 어디로 사라져갔나.

오월의 어름치와 칠월의 수달과 구월의 솔잎국화와 유유자적 강바닥을 노닐던 재두루미들 그리고 소쩍새 울던 옛 마을과 황조롱이와 노란목도리담비들의 설운 눈매를 이제 어디서 만날 수 있을까. 혹은 동강 된꼬까리에서 요동치던 내 인생의 한 고비를 어느메서 해후하겠나. 그도 아니라면 어라연에서 맺어진 한 사랑을 밤새도록 기억해낼 수도 없는, 이 기막힌 사연들을 저들은 무엇으로 보상할 것인가.

하느님의 창조 질서를 거스르는 자여, 그대가 4대강을 살리겠다고? 우린 그게 정말인지 거짓부렁인지 너무나 잘 알고 있다. 파나마운하를 찾던 날 그대가 무슨 말을 속삭이다가 끝내 삼켜버린 말이 무엇인지 우린 잘 알고 있다. 정녕 눈을 흡떠 시멘트 강보에 못 박혀 옴짝달싹 못하는 강물님의 십자가를 바라보아라. 지금 강물님은 추수 끝난

들녘에 버려진 쭉정이처럼 허허로운 산하에 중음과 해탈의 산 그림자만을 던져준 채 꺼윽 꺼꺼윽 차마 울음 울지도 못한다.

무엇 때문에 나의 세상은 그리되었는가. 무엇 때문에 솔잎보다 더 싱그러웠던 내 푸른 심장은 사라지고, 깃발처럼 펄럭이는 뭇사람들이 둘둘셋씩 모여들 서서 오체투지 삼보일배로 님의 큰 이름자만을 수없이 외쳐 부르며 하늘과 땅거죽을 두드리고 있는가. 파헤쳐진 생명의 정화수여. 이 산하의 몸피 속에 살고팠던 수달아, 꾸구리여, 흰목물떼새여, 얼룩새코미꾸리여 말해다오. 그대들이 언제 적부터 질식의 삽자루에 떠밀려 길고도 아픈 고독의 탁류 속에 몸부림쳐야 했던가를.

저 강녘 어디쯤에서 내 벗들과 더불어 서럽게 펄럭이는 한 줄기 바람으로 우린 다시 환생할 수 있겠나. 누항에 지친 날들의 상처를 꽃숭어리로 받들고서 갈 곳 잃은 한 마리 짐승 되어 석양에 몸 눕힌 눈부신 한 영혼만을 이슥토록 바라볼 수 있겠나. 그리하여 우리 내일 다시 저 강가에 앉아 못다 한 마지막 사랑을 불태워볼 수 있겠나. 정선아리랑 한 자락에 싱싱한 산죽의 미소로 되살아나 그대 푸석한 얼굴을 온종일 쓰다듬는 꽃물결이 될 수 있겠나. 어여쁜 당신 살점 한 모퉁이를 새벽이 다 오도록 붙잡은 채 산모롱이 그늘에서 뭇 생으로 환생하는 꽃넋이 될 수 있겠나.

아아, 이제 님의 얼굴을 바라볼 수가 없네.

# 부자 되세요

이은봉

햇빛을 팔아 돈을 벌 수 있을까
달빛을 팔아 돈을 벌 수 있을까

돈을 벌 수 있는데 무엇인들 팔아먹지 못할까 팔아먹기만 하면 돈이 되는데……

바람의 가격을 1L당 얼마로 할까
구름의 가격을 1L당 얼마로 할까

상표만 붙이면 팔아먹을 수 있지 팔아먹을 수만 있으면 돈이 되지 돈이 되는데 무엇인들 팔아먹지 못할까

한강, 낙동강 개발도 그렇지
금강, 영산강 개발도 그렇지

물과 모래를 팔아먹어야지 팔아먹고 부자가 되어야지 부자가 되고 싶은데 무엇인들 못할까

"국민 여러분! 부자 되세요"

"강남 여러분! 부자 되세요"

햇빛을 팔아먹으려면 하늘을 개발해야지 달빛을 팔아먹으려면 구름을 개발해야지.

# 네 개의 열쇠
—개회사(주최/주관: 세계열쇠세공인노동조합 한국 지부)

**김중일**

바쁘신 중에도 네 곳 큰 강을 비롯한 그 일대 무수한 지류와 습지로부터 참석해주신 조합원 여러분 반갑습니다. 본인은 자랑스러운 조합의 일원이자 보잘것없고 심약한 마음만을 소유한 인간 계원으로서 단호하게 지구의 연혁은 열쇠의 역사라고 말씀드리고자 합니다.

최근 위기에 봉착한 우리 지부에서 타개책으로 개발한, '촛불로 길게 수놓인 거리' 라는 이름의 열쇠 설계도를 보셨을 줄 압니다.

복잡한 알력과 감정들이 뒤엉킨 대기 속을 채우고 폭력의 바깥쪽으로 세계를 열어젖혔던 투명하고 붉은 직립의 돌기, 그와 같았던 지난 모든 대열의 밤낮을 열쇠의 형상이 아니었다고 말할 수 있겠습니까.

태초에 빗장 채워진 시간과 역사라는 강철자물통의 차갑고 견고한 요철 속으로 대대손손 피와 살로 빚은 무른 한 몸 한 몸이 저마다 열쇠의 굴곡이 되어, 세계를 회전시켜 와주신 조합원 여러분. 우리는 지금 세세연년 한반도의 밤과 낮을 여닫았던 네 개의 강을, 우리들에게 매일 새로운 감정을 열어주던 열쇠를 잃어버릴 위기에 있습니다.

모래톱을 모래톱처럼 깎는 물살과 바람의 세공술. 저마다 열쇠의 모습으로 물길을 비틀어 여는 물고기들. 물 위에 뜬 산 그림자의 굴곡. 습지의 물풀들과 곤충들, 뒹구는 조약돌의 부피와 질량까지, 물냄새 뒷칸에 모두 실어 날라 밤을 건축하는 저녁 어스름.

달빛을 저마다 다른 안색으로 되비추는 생물과 무생물들의 얼굴.

바람에 떠밀려온 강어귀의 낙엽 한 잎까지도, 시간과 동업 중인, 태초의 열쇠공장에서 세공된 '네 개의 강'의 정교하고 아름다운 굴곡의 돌기들입니다.

그 천변만화의 굴곡들을 모두 같은 표정의 콘크리트로 뒤덮어버린다면, 매일 다른 외투를 걸치고 찾아오는 밤과 낮을 어떻게 빗장 열어 맞을 수 있겠습니까.

시간과 역사란 거대한 열쇠 위에 대대손손 작고 보잘것없으나
저마다 소중한 굴곡이자 돌기이신 여러분 감사합니다.
영영 열쇠를 잃어버린 자물통을 붙잡고 살아야 하는
조급한 마음으로, 여러분은 안전하십니까.

# 로봇이 되어 물고기가 되어

서효인

어항 속에 들어갈 거야
너는 차가운 난생
로봇이 되어
물고기가 되어
더러운 냄새를 맡기 위해
태어났다 의지는 박약하지만
명령에는 충실하고
진화의 끝에서
우리가 낳은 알은
무릎이 까졌다
딱지가 자리를 잡고
떼어지지 않고
매 맞는 여자처럼
웅크려 노려본다
아무도 모르게
당신은 오염되었는가
당신은 개발되었는가
같은 물음 속으로
달려간다 아가미에

푸석한 딱지가 앉았다
발버둥 치며 단지
더러운 냄새를 맡기 위해
공사는 참혹하지만
땅값은 알을 낳고 또 낳고
물고기가 되어
로봇이 되어
몸을 흔들자
차가운 피를 가진
네모반듯한 알들의
걷잡을 수 없는 부화
로봇 되어 물고기 되어
세상에 가장 징그럽고 차가운
벌레들
어항 속으로 풍덩풍덩
로봇처럼 물고기처럼

# 아픈 강江, 2010년

**김자흔**

강은 아팠다
물 한가운데서 강은 신음소리를 냈다
눈 감으면 생명들이 피어났다
봄부터 겨울까지 꽃처럼 생명들이 피어났다

강은 아팠다
아파서 강은 잠을 잤다
그러나 잠 속에서도 강은 보았다

육식공룡으로 위장한 인간들이 마구잡이로 달려드는 것을,
포클레인과 중장비가 괴물로 둔갑해 가슴팍을 파헤치는 것을,
보았다, 강은

강은 아파서 잠만 잤다
잠 속에서도 강은 죽음의 소리를 들었다
물속의 작은 생명들이 비명을 질러댔다
무서워요, 엄마 숨을 쉴 수가 없어요

곱슬머리 물의 요정 네크가 붉은 모자를 쓰고 하프를 켰다

>

절대 돌아보지 마, 인간이란 괴물로부터 달아나야 해, 잡히면 안 돼, 사력을 다해 뛰어가야 해, 살아서 끝내 태초의 자연으로 돌아가야 해

사지 묶인 강은 아프다
아픈 강은 누워 여린 생명들의 비명을 듣는다
물의 요정이 켜는 하프 소리를 듣는다

# 헤게모니는 강에게

**박진성**

로봇 물고기가 헤게모니를 가져갔어요
수심水深은 깊고 유람선은 아름다운데
알을 깔 곳이 없네요
당신이 수초水草의 헤게모니를 가져갔어요
콘크리트 뼈가 뿌리까지 박힌
저 식물의 호흡이 너무 거칠어요
수심愁心은 깊고 유람선만 아름다운데
알을 깔 곳이 없어요
당신이 유속流速의 헤게모니까지 가져갔어요
지느러미 놀리는 기술을 잃어버렸어요
당신이 지느러미의 헤게모니를 가져갔어요
헤게모니는 강 속에 있어서
내 지느러미로 파닥파닥 물결치며 놀고 있는데
한강의, 금강의, 낙동강의, 영산강의
그 무수한 지류支流의 헤게모니를 당신이 가져갔어요
헤게모니는 저 흐르는 강물이 잡아야 하는 거 아닌가요?*

---

* 정현종의 시 "헤게모니는 저 바람과 햇빛이/흐르는 물이/잡아야 하는 거 아니에요?" (〈헤게모니〉)에서 인용.

수심은 깊고 유람선은 아름답다고
인면수심人面獸心 거짓말만 하지 말고, 당신,
그 작고 하찮고 힘없는 헤게모니는 강에게 놔두세요,
제발,

# 범:람 氾濫·汎濫

함성호

① 멋지게 망하기는 다 틀렸어/그때/그 아우성치는 강가에서/너는 무슨 말을 했던가?/이젠 끝이야/우리에게 남은 길은 약물 남용/아니면 죽을 때까지/의사와 상의하며 살아가는 길이야/그게 삶이냐?/씨발 놈들/그래,/너는 죽을 때까지/체제와 상의하며 살아라/그리운 강가/악다구니/축배/그리고/지랄발광의((동)) madness ② 옛날 집을 찾아갔다 물속의 느티나무; 저 사랑의 자세; 고요해라 저 벙어리 강은

| 하 천 | 하상계수 |
|---|---|
| 한 강 | 1 : 393 |
| 낙동강 | 1 : 372 |
| 금 강 | 1 : 299 |
| 라인강 | 1 : 8 |
| 콩고강 | 1 : 4 |

③ 꽃의 아이들아, 이 푸르른 제국—저녁의 청색 시대로 오라 아무 기다림도 없이 무심히 흐르는 강을 건너오는 것들 마음은 언제나 어

두운 골목에 있었고 봄꽃 화사한 저녁의 강가는 환장하게 푸르다/푸르다/푸르다 록綠·벽碧·창滄·창蒼·청靑·취翠 ④ 이 강은 바다에 이르지 못한다 유랑하는 호수/이/호모 같은 새끼/그래, 난 호모다/너의 후장을 노려왔어/뭐?/뭐라구?/이젠 지쳤어/아무리 애써도 이 강가를 벗어나지 못한다

로프노에르: 방황하는 호수. 타클라마칸 사막의 타림 강은 이 호수로 흘러든다.

# 멸종

**백무산**

1

지구가 둥글다는 잘못된 믿음이 지배하던 시대가 있었지 땅은 모가 나고 평평하다고 믿었으나 코페르니쿠스 무리들의 선동으로 잠시 부풀었다가 다시 평평해지기까지 그리 오래 걸리지 않았지

2

사실? 사실은 다르다고? 사실이 뭐냐? 사실이 뭐가 중요해 중요한 건 믿음이야 믿음만으론 안 돼 의지와 실행이 중요해 실행은 알고 있어 사실이란 실행 과정에 잠깐씩 드러나는 그림자일 뿐이야

3

풍선이 부푼 건 아직 터지기 전일 뿐 산이 솟아 있는 건 아직 평지가 되기 전일 뿐 지구가 둥근 건 아직 평평해지기 이전일 뿐 도대체 뭐가 둥글다는 거냐 강이 휘어지고 굽어지는 건 똑바로 흐르기 이전 상태일 뿐

4

평평한 것 아니면 어떻게 유용하게 하나 유용한 것 아니면 모두 무용한 것 무용한 건 존재 이전의 것 측량할 수 없는 건 지배할 수 없지

대지가 부동산이 되는 건 대지의 진화야 강이 범람을 거부하고 수로가 되는 건 강의 진화야 물이 난류를 극복하고 똑바로 흐르는 건 물의 진화야 현상은 그림자야 평평하다는 믿음이 역사를 끌고왔지

5

국가는 평평해서 국가인 것 도대체 둥근 채 국가가 된 걸 본 적이 있나? 대지의 무질서는 국토가 되기 이전의 상태 군대가 행군하여 평평하게 밟아놓기 전에는 어떤 땅도 국토가 되지 않아 독도는 더 많은 군사 행위로 밟아놓아야 제대로 된 국토가 될 것 저기 저 국토가 되기를 한사코 거부하는 강의 야만적인 몸부림을 보라구

6

도대체 뭐가 굽어지고 뭐가 둥글고 휘어진다는 거냐 자연은 말 그대로 미개발지의 다른 이름일 뿐 우리가 손을 내밀기 전엔 하나의 몸짓에 불과했던 것 개발의 손을 내밀자 자본의 꽃이 되어 야만을 거두고 안겨오지

7

둥근 건 지배할 수 없지 소용돌이를 어떻게 분석하나 분석할 수 없

는 걸 어떻게 지배하나

지배되지 않는 건 야만의 무질서에 방치하는 것 구원을 거부하는 것 혼돈의 어둠에 던져두는 것 너희들은 다양성에 대해서 말하지 멸종에 대해서 말하지 길을 가다 장애물이 나오면 치우지 않고 가나? 멸종 행위가 죄가 되나? 태양이 뜨자 어둠의 무리들이 증발해버렸다고 태양이 죄를 지은 건가?

8

인간의 숭고한 진화의 의지를 왜 후퇴시키나 볼테르가 루소에게 말했지 그럼, 네 발로 기어 다녀!

9

명심해, 지구는 모가 나고 평평하다는 믿음은 코페르니쿠스 이후야!

10

불철저한 종자들, 너희들은 보호니 공존이니 생명윤리니 하는 따위로 소리치지만 정신 차려 이건 내부 갈등이 아니라 외부 전쟁이야 이건 이미 종과 종의 전쟁이야 진화의 역사는 이미 인류의 다른 종을 출현시켰다는 걸 너희들만 몰라 사이보그도 이미 과거야 사이마운트 사이리버도 옛적 일이야 명심해!

11

불철저한 무리들, 평소엔 우리가 만든 안락과 달콤한 쾌락을 즐기다가 공격을 당했다 싶으면 그때야 겨우 일어나 소리치고 자기 목을 조를 국가를 향해 구원의 손을 내밀며 허둥거리는 꼴이라니!

12

기억해, 멸종은 어떻게 일어나는지 네안데르탈인은 어떻게 소멸되었는지 기껏해야 이종교배로 유전자 한 톨 남기고 지상에서 말끔히 사라진 호모 네안데르탈렌시스들 말이야 하지만 그건 신체 소멸일 뿐

13

국토에 포섭되지 않은 것들의 종말을 보라구

14

명심해, 멸종은 종의 신체가 소멸되는 걸 말하는 게 아니야

15

나를 실어다준 그 강은 지금쯤 어디로 흘러가고 있을까?

# 오, 그녀의 자식들아, 그녀를 죽이지 말아다오

**이재무**

그녀의 본적은 산이다
골짜기 박차고 나와
강의 이름으로 들과 도시 가로질러
장단완급으로 걷다가 마침내 생이 끝날 때
바다로 열리는 그녀의 생은 뫼비우스 띠처럼
처음과 끝이 없어 유장하구나
물고기들 밥이 되고 집이 되어 살다가 다시
하늘의 부름을 받고 산으로 가서 신생을 사는
그녀는 거듭 순환과 부활을 반복하는 영원히 죽지 않는 여자다
태어난 이래 늙을 줄 모르는
하늘이 목숨 점지한 이래
이 나라 대지의 통 큰 어머니로 살면서
뭇 생명들 주린 입에 젖 물리는 것을
은근한 자랑과 소명으로 여겨온 그녀
낮에는 산과 마을 으스러지게 끌어안고
밤이면 별과 달 담아 흐르면서
출렁출렁, 한결같은 보폭으로
유사 이래 이 나라가 걸어온 그 많은,
파란만장과 우여곡절과 요철의 세월

만백성과 더불어 울고 웃었다
오, 그녀의 사랑하는 자식들아,
그녀를 시험에 들지 말게 해다오
멀쩡히 살아 있는 육신
수술대에 올려놓고 함부로 재어 절단하지 말아다오
그녀는 가봉하기 위해 세탁소에 맡긴 옷이 아니다
책상에 놓인 공작의 도구가 아니다
그녀가 앓으면 우리가 앓고 그녀가 죽으면 우리가 함께 죽는다
지난 80년대 시멘트 댐으로
사족 묶어놓은 이래
그녀는 갖은 질병 앓아왔다
관절염 앓으며 절뚝거렸고
폐결핵으로 붉은 피 쏟기도 했다
오, 그녀의 사랑하는 자식들아,
그녀의 몸에 함부로 칼 대지 말아다오
자궁 들어내고 팔다리 잘라내고
얼굴 깔아뭉개 어찌 살기를 바랄 수 있겠는가
그런 날이 온다면 그녀는 이미 죽은 목숨이다
죽은 몸으로 어찌 우리들 주린 입에

젖 물릴 수 있겠느냐
그녀로 하여금 구릿빛 근육으로 싱싱하게 노동하게 해다오
그녀는 그냥 홀몸이 아니다
물이 죽고 땅이 죽고 하늘이 죽어
죄 없는 그녀의 자식들—새와 꽃과 풀과 나무와 구름과 달과 바람과 벌레와 물고기와 소와 염소와 영희와 철수 등속
죽어가는 것 차마 어미로서 어찌 눈 뜨고 볼 수 있겠느냐
운하 건설은 온갖 쇠붙이 불러들여
그녀의 몸 파헤쳐 찢고
더럽고 무거운 기름때 끌고와 오장육부 마구 휘저어
그녀의 몸은 안팎으로 검퍼렇게 녹슬 것이다
그녀를 더 이상 슬프게 하거나 노엽게 하지 말아다오
그녀가 우리를 버리지 않게 해다오
하늘이 분노하지 않도록 해다오
하늘이 우리를 떠나지 않게 해다오
사랑으로 세상을 흐르게 하고
풍요로 세상을 넉넉히 적시게 해다오
오, 그녀의 사랑하는 자식들아
그녀의 몸에 함부로 칼 대지 말아다오

고통으로 그녀를 울리지 말아다오
참다 참다 못 견뎌
그녀가 목숨 끊는 날이 오지 않게 해다오
치수가 나라의 살림이다
우리 살림을 우리 스스로 거덜내지 말아다오

# 첫 시를 쓰던 첫 강으로 돌아가야 하리

**홍일선**

가문 날
강마을 어진 땅 지켜주시던
단양쑥부쟁이* 일가
무참히 밀어내는 짐승의 시간
강 찾아오는 것도
오늘이 마지막일지 모른다는 생각에 목이 메는
검은댕기해오라기 형제들
국토 곳곳이 용산참사역이어서
고향을 빼앗긴 어머니 강의 피붙이들
고라니들 청둥오리 백로들 무래무지 누치들
애달픈 별리의 노래
강기슭 갈대숲에서 들려왔으리

저물 무렵 그 어름이었으리
다시는 촛불을 들지 말라는

---

* 단양쑥부쟁이: 세계 유일 희귀종 단양쑥부쟁이 자생지인 여주군 강천리 바위늪구비에 있는데, 4대강 강천보 현장 삽질로 무참히 훼손되었다.

탐욕의 언어 쓰라린 죽임의 암호
어머니 강물께서도 들으셔야 했으니
그러나 나 또한 어머니를 버린 자였으니
당신의 울음소리 듣고서도
당신의 외마디 비명 듣고서도
당신의 간절한 말씀 듣고서도
그저 아파할 뿐 당신을 공경하지 않았으니
그리고 어머니의 또 다른 식구들
외로운 버드나무 사이 모래톱 언덕에
꽃씨처럼 뿌려놓은 종다리 알
보듬어 지켜주지 못하고
어느새 죽임의 언어에 길들여져
함부로 시를 써서
당신을 아프게 한 날 많이 있었으니

나 오늘 밤
고라니 모자 은빛 발자국 따라
새싹 움트는 여강 갈대밭에 나가
월인천강 촛불을 모시고

가슴 두근거리는 온몸 설레이는
첫 시를 대지에 바치던 시간
우리 모두 더불어 가난했으므로
천지간이 봄꽃으로 여여하던 시절
첫 강 첫 마음으로 돌아갈 수 있다면
천수천안 어머니 강께 무릎 꿇어
강마을 도리 어진 땅
모닥불 같은 꽃들 뵐 수 있으리

# 4부

## 저 강이 더 흘러가기 전에 저 강이 더 흘러가기 전에

# 저녁강

최영철

서녘 하늘로 미끄럼을 타고 내려온
강의 어스름이 발목에 닿았다
기슭 모래펄로 기우뚱 몸을 숙인 살얼음들
산은 오늘 갖고 나온 온기를 다 쓰고 가려고
부스럭부스럭 주머니를 뒤져
남은 양식들을 햇살 위에 뿌렸다
그걸 낚아 올리려고 팽팽하게 허리 편 낚싯대
강의 부스러기들이 새끼 친
은빛 포말 쪽으로 가고 있다
잠자리에 들 채비를 하며 몸을 씻던
산의 어깨가 둥글고 나직해졌다
아무도 서둘지 않는 저녁
저렇게 늙수그레하려고
설레는 봄과 엎드려 누운 겨울을
하나하나 쓰다듬고 왔다
됫병 소주를 비우고 있는 강태공의 낯빛이
아직 썩지 않은 나뭇잎과 동색으로
강물에 내려앉는다

# 강변유정
— 소월에게

이덕규

큰물이 소용돌이치듯 휘돌아 나가면서 상류에서 휩쓸려 내려온 흙이 쌓이고 쌓인 곳,
강변의 작은 모래밭에 살았습니다

강물이 무슨 산고의
진통 끝에 새끼를 낳아 품듯이

지적도 등기도 없는
그 무국적의 반짝이는 금모래밭을 돌아
유정천리, 하염없이 흘러가는 당신을 애타게 부르던 노래가 있었습니다

# 물고기의 눈물

**유안진**

들으면 마음이 자란다는
물고기 웃는 소리를 들으러 갔다
조약돌과 수풀도
물고기 웃음 들으려 모여 사는 강가라고 했다
보름달이 뜰 때 가장 잘 들린다 했다

보름달이 떠오르자
강물 속에서 깊은 울림이 들려왔다
흐느낌 비슷했다
울음에 익숙한 귀 탓일까
너무 기쁘면 눈물범벅 울음부터 터지니까
우는 소리 같을 거라고 생각하다가

달빛에 흐르는 강江이 거대한 물고기라는 걸 알았다
태어나 한 번도 눈감아 본 적이 없는
물고기의 눈물이 강물인 것을
눈물도 바다를 꿈꾸며 흐르느라고
흐느낀다는 것도
잘 우는 것이 잘 웃는 것인 줄도.

# 강이 휘돌아가는 이유

**우대식**

강이 휘돌아가는 이유는
뒷모습을 오래도록 보여주기 위해서이다
직선의 거리를 넘어
흔드는 손을 눈에 담고 결별의 힘으로
휘돌아가는 강물을 바라보며
짧은 탄성과 함께 느릿느릿 걸어왔거늘
노을 앞에서는 한없이 빛나다가 잦아드는
강물의 울음소리를 들어보았는가
강이 굽이굽이 휘돌아가는 이유는
굽은 곳에 생명이 깃들기 때문이다
굽이져 잠시 쉬는 곳에서
살아가는 것들이 악수를 나눈다
물에 젖은 생명들은 푸르다
푸른 피를 만들고 푸른 포도주를 만든다
강이 에둘러 굽이굽이 휘돌아가는 것은
강마을에 사는 모든 것들에 대한 깊은 감사 때문이다

# 낙동 민박

이영광

평생의 검은 꿈들이 총출동한 듯한
검고 검은 꿈꾸다,
헛소리하다 깬
새벽녘

강에 입 씻고 나니 귀 열려,
날 흔든 것
물소리, 개구리 울음소리였구나

저것들 날 깨워주고도 아직
악몽 중이구나
아우성 헛소리구나

물의 입을 찢고
강의 배를 따서 훑는

폭행의 나날이여

목을 빼어 칠백 리를 울어도

# 편히 죽을 자리 하나 없는

# 빈집

김용택

봄볕에 마르지 않을 슬픔도 있다.
노란 잔디 위의 저 타는 봄볕, 무섭다. 그리워서
몇 굽이로 휘어진 길 끝에 있는 외딴집
방에 들지 못한 햇살이 마루 끝을 태운다.
집이 비었으니, 마당 끝에 머문 길이 끝없이 슬프구나.
쓰러진 장독 사이에 애기똥풀꽃이 핀다.
집 나온 길이 먼 산굽이를 도는 강물까지 가고 있다.
강물로 들어간 길은 강바닥에 가 닿지 못해 강의 깊은 슬픔을 데리고 나오지 못한다.
사랑이 허공인 줄 알기에, 그러나 봄볕에 마르지 않는 눈물도 있다.
바닥이 없는 슬픔이 있다더라.
외로움이 없다면, 그 생은 낡으리.
봄볕에 불붙지 않은 잔디도 있다.
속으로 우는 강물이 땅을 딛지 못하는구나.
목줄이 땅기는
사랑이 없다면, 강물이 저리 깊어질 리 없다.
집이 왼쪽으로 기울었으나, 나는 집 뒤안에 가서 하늘을 본다.
바닥없는 슬픔을 깊이 파는 강물 소리를 나는 들었다.

# 풀

박성우

강가에 나가 풀을 벤다

숫돌에 낫을 갈아 풀을 베던,
그 옛날 아버지처럼
강가에 나가 풀을 벤다

왼 무릎 꿇고
오른 무릎 세워
지게를 일으키던 아버지처럼,

바지게 넘치게 꼴을 베어 날라도
변변찮은 학용품 하나 못 대주던
그 시절 내 아버지처럼,

불혹의 나이가 되어
강가에 나가 풀 한 짐 베어온다

풀을 베어다 먹일 암소는 없고
풀을 베어다 풀로 풀을 누른다

고추밭 고랑에 풀을 깔아 풀로 풀을 누른다
생풀로 누를 수 있는 것이
어디 잡풀뿐이겠는가

유월 강가의 풀은
물을 많이 먹어 묵직하다

풀 한 짐 더 하러 강가에 나간다

# 물 위에 찍힌 새의 발자국은 누가 지울까

이은규

아무도 없는 곳에서의 눈물은 질문이다

저수지에 먼저 도착해 있는 적막
닫아놓았던 귀를 열어
풍경의 모퉁이를 서성이는 허공을 듣는다

어떤 종족이 허공에 발자국을 찍을 수 있을까

새 한 마리 총총, 물 위를 난다
수면에 발자국으로 무슨 흔적을 남기는 것도 같은데
마침표를 찍어 완성하기 전
바람이 잔물결을 일으켜 발자국 문장을 지운다

문장 따위야 사람의 소관이라는 듯
새는 몇 점 눈물로 저수지의 수위水位를 알맞게 조절할 뿐
금세 풍경의 모퉁이를 돌아 나간다

누군가
물수제비로 새겨넣은 문장을 오래 듣는 귀가 여기 있다

그는 이제 허공에 발자국을 찍을 수 있는 종족
물수제비 문장을 기억하는 바람에게
물 위에 찍힌 새의 발자국은 누가 지울까
하릴없이 묻는 날이 길다

그날의 적막에게 어떤 문장은 마침표 없이도 지워지지 않는다는 걸 배운다

여름 하오, 꼭 한 뼘의 높아진 저수지의 수위水位

# 고향이 물속이랬지

이용한

고향이 물속이랬지 남한강 어디메쯤 물굽이 휘도는 곳이랬지 묵은 뼈들이 모여 앉은 모래톱 언저리랬지 사공이 외팔이랬지 팔 하나로 거뜬히 강을 건넌다 그랬지 뱃삯은 주는 대로 받는다 그랬지 과수원집 여식은 6학년이랬지 동창들은 자식 낳아 중학교도 보내는데, 여식은 여적지 6학년이랬지 아직도 그 아이 책가방 메고 학교에 간다지 아침에는 헛간에서 잠망을 털고, 저녁에는 벼랑에서 뭉텅 잘린 머리를 헤어본다지 그래 어머니도 아직 거기 산다 그랬지 감자밭 김매러 갔다가 감자꽃이 되었다고 아니지 그건 큰언니랬지 어머닌 얕은 목에 올갱이 잡으러 갔다 그랬지 아욱은 봉당마루에 한 아름 뜯어다놓고, 달이 떠도 안 온다 그랬지 부지깽이는 아궁이 옆에 던져놓고, 나비는 해종일 마루 밑에서 울고, 수척해진 사내아이가 부엌문에 매달려 삐걱인다 그랬지 삐걱 소리가 끝나는 곳에 가파른 댑싸리 고샅이 있다 그랬지 밤마다 물 우는 소리가 들린다 그랬지

# 아버지 고향

이안

어젯밤 꿈에 고향엘 갔는데
집 앞 냇물에
버들치가 아주 여러 마리 놀고 있어.
어찌나 반갑고 고맙던지
가까이 가 웅크리고 앉았지.
그런데 자세히 보니까
그건 버들치가 아녔어.
버들치 그림자였지.
더 신기했던 건
두 손으로 손바가지를 만들면
이 그림자 물고기들이 고대로 들어와서
곰실곰실 노니는 거라.
할머니 보여드리려고
'어머이, 이것 봐유, 이 물고기 좀 봐유!'
소리치며 집으로 달려가다가 그만,

잠이 깼지 뭐냐!

지금은 충주댐

물에 잠겨 갈 수 없는 아버지
고향 이야기
곰실곰실 손이 가려워지는
꿈 이야기

# 여강 간다

**이흔복**

여강! 또루박이, 절굿대, 구절초 도드라진
낙조청강의 점점홍
더욱 붉게 물들어간다

여강은 여주의 들판을 고루 적시는 남한강,
강변에 서서 가만히 물속을 들여다보면
뭍 밑의 한 사람 웃고 있다

시간도 풍경도 멈춰버린,
오랜 전설을 간직한
한 사람 울고 있다

한순간도 쉬임 없이
한 사람의 고독과 외로움을 훑는
건들팔월 기러기 날기 전,
찰나의 시간과 억겁의 시간이 함께 머문
여강의 물길은 끝이 보이지 않을 정도로 길다

여강! 송풍산월 아득히 먼 길을 가노라면

한 사람의 그림자 꿈속에 남아 물결 젖는다.

# 천래강에서

양문규

천래강에서 한 여자와 눈 맞춘다

강물은 봄날같이
지나는 바람소리에도
나무 타고 올라
꽃을 피운다

홀로 걷고 있을 때는
보이지 않던
강 건너 산자락
언제 마을이 들어섰는가
물방망이 소리
골목으로 튕긴다

나는 그녀와
사람 없는 집들이 즐비한
허물어진 돌담 골목 벗어나
강 건너 마을로 간다

>

끼니때가 되면 아궁이에
어김없이 밥 끓이고
쇠죽 끓이는
생솔가지 검붉게 탄다

강물 위로는
청둥오리 떼가
차디찬 물낯바닥에
낮게 깔리는
달빛을 타고
적멸보궁에 든다

그녀와 나는 오랫동안 강마을에 머물고 있다

# 동강에서 울다

문인수

동강은 대뜸 말문을 막는다.
어이없다, 참 여러 굽이 말문을 막는다.
가슴 한복판을 빼개며 비스듬히 빠져나가는
저기 내려 꽃 피고 싶은 기슭이 참 많다.
몸이 먼 곳,
인생이 저렇듯 아름다울 수 있었겠으나
어떤 죄가 모르고 자꾸 버렸으리라.
늙은 사내는 엎드려 산 첩,첩, 울고
물길은 산에 막히지 않고 간다.

# 강물을 타고 갔네

김은경

갈대가 건너오네
포플러 잎이 등을 긁어주네
물살은 가장 잔잔한 귓속말
누구나 긴 손톱이 등에 닿으면
긴밀해져요

조그마한 명주잠자리 입술을 어루만지네
바람은 둥글어
나는 점점 가벼워지네 춤을 추겠네
눈물도 경쾌하게 번지네

그러나 두꺼운 옷을 껴입고도
나는 아직 춥고

언제 긁혔는지
기억나지 않는 살갗에
손 얹어주는 나무들 물결들
하루 내 외로웠구나
상처는 초록과 동색同色이구나

병든 몸 어루만져주느라
물은 또 저렇게 멍들었구나

아릿한 사람들
목적 없이 싹 틔우는 뭇 것들
저마다의 발자국 찍어대며
어디로 가도 좋을 여강*, 여강길

하염없이 나를 만지네, 얼굴 없는 손
침 고인 혓바닥
머금어보는 강물 한 모금에선
단내가 나네
칼로도 지울 수 없는

* 여강(驪江): 여주를 관통하는 남한강을 이르는 말.

# 길 위의 경전

이용헌

금강이 어디냐고 길을 묻는 그대에게
나 물을 따라가라 하였네

금강이 어디냐고 길을 묻는 그대에게
나 산을 따라가라 하였네

물길 따라 걷다보면 차오르던
산길 따라 걷다보면 비워지던

금강이 어디냐고 길을 묻는 그대에게
나 강을 버리라 하였네

금강이 어디냐고 길을 묻는 그대에게
나 산을 버리라 하였네

가도 가도 옹벽뿐인 강 밖의 강
가도 가도 철책뿐인 산 밖의 산

금강이 어디냐고 길을 묻는 그대에게

나 마음속 금강을 일러주었네

# 바람떡

**박설희**

강에선 쉴 새 없이 모래가 퍼올려지고
살이 닳도록 트럭이 제자리를 헛돌았다

고물 같은 모래에 파묻혀
나는 발갛게 익어가고
한 삽 가득 모래를 퍼올리는 사람들에게서
달큰한 김이 솟아올랐다
어머니의 함지 속 떡들처럼

어머니의 손끝에선
밤과 낮이 버무려지고
슬픔이나 굴욕이 소리 없이 바람떡으로
부풀어, 벙벙해졌다
떡함지는 늘 풍요로웠다

간혹 그 함지엔 땅콩이나 배 같은,
떠내려온 것들이 담기기도 했다
닭, 돼지, 소, 심지어 지붕을 실어오기도 하는
강물은 힘이 셌다

>

나 또한 속 깊은 강으로 흐르거나
바다에 이르러
커다란 배 몇 척쯤 거뜬히 띄우고 싶었다

그러나
떠밀려 닿은
강둑에서
문득 주위를 돌아보면
입안에서 씹히는 모래의 시간들
허파 가득 채워지는 바람의 부피

바람의 방앗간에선
오늘도 갖가지 빛깔의 바람떡들이 익어가고

# 강물을 따라 흐르네

**박남준**

나 내딛는 한 걸음이 이 땅의 강을 살리는 일이라면
그 강에 찾아오는 새 떼들의 노래하는 날갯짓
끊이지 않게 하는 일이라면
강을 따라 흐르는 걸음 어찌 함께하지 않으리
그리하여 내딛는 한 걸음이
강을 거슬러 오르는 은빛 비늘의 물고기 떼들
물길의 나침반 잃어버리지 않게 하는 일이라면
송사리 떼 송알송알 오르내리게 하는 길이라면
그 길에 어깨동무하며 앞선 발걸음 어이 뒤따르지 않을까

강물을 따라 흐르네
흐르다 때로 가던 걸음 멈추며
세상에 어떤 것들이 참으로 있어 눈물 나도록 아름다울까
걸어온 풍경을 떠올렸네
깊고 낮은 곳으로 흐르며 아낌없이 채워주는 강물을 생각했네
그 강가에서 눈을 뜨고 밥을 지어 나누며
고단하였으나 오지 않는 잠을 청하기도 했네
눈발이 날리기도 했네
눈길에 첫 발자욱을 새기며

뒤따를 사람의 발목이 젖지 않을 걸음을
앞서 걷는 이의 고맙고 따뜻한 수고로움을 생각했네
걸음마다 발자국들 이어졌네
멀리 그리고 가까이 반가운 손 흔들며 달려오는 등불들, 환한 행렬들

마른 대지를 적시며 흐를 당신 어, 어머니,
푸른 젖줄의 강물을 생각하네
강물이 강물로 살아 흐르는 생명의 강을 생각하네
뚜벅뚜벅 나 내딛는 한 걸음의 발자욱이
죽음으로 가는 탐욕을 남김없이 지우며 거두어내는 일이라면
그 몹쓸 삽날을 막는 일이라면

강물을 따라 흐르네
지금 강물을 따라 걷는다는 것은
봄바람에 기지개를 켜며 깨어나서 고운 솜털 보송거리는
강가의 버들강아지야 널 지켜주겠다고
새끼손가락을 꼭 걸었기 때문이네

# 낙동강

안도현

저물녘 나는 낙동강에 나가
보았다, 흰 옷자락 할아버지의 뒷모습을
오래오래 정든 하늘과 물소리도 따라가고 있었다
그때, 강은
눈앞에만 흐르고 있는 것이 아니라 비로소
내 이마 위로도 소리 없이 흐르는 것을 알았다
그것은 어느 날의 신열身熱처럼 뜨겁게,

어둠이 강의 끝 부분을 지우면서
내가 서 있는 자리까지 번져오고 있었다
없는 것이 너무 많아서
아버지 아무 말씀도 하지 않으시고
낡은 목선을 손질하다가 어느 날
아버지는 내게 그물 한 장을 주셨다
그러나 그물을 빠져 달아난 한 뼘 미끄러운 힘으로
지느러미 흔들며 헤엄치는 은어 떼들
나는 놓치고, 내 살아온 만큼 저물어가는
외로운 세상의 강안江岸에서
문득 피가 따뜻해지는 손을 펼치면

빈 손바닥에 살아 출렁이는 강물

아아 나는 아버지가 모랫벌에 찍어놓은
발자국이었다, 홀로 서서 생각했을 때
내 눈물 웅얼웅얼 모두 모여 흐르는
낙동강
그 맑은 마지막 물빛으로 남아 타오르고 싶었다

# 한강·하나

김정환

꽃 한 송이를 피우기보담은
종일 한강에 나가서
한강이 한강인 채로 한강 본연의 모습을 드러내보이는
황홀히 부활하는 순간을 오래오래 바라본다.

종일 보고 있으면 한강은 내 앞에서
노을에 발그레 상기된 고백의 몸짓으로
자기는 반포 아파트의 화려한 고층빌딩을 비추는 화장 짙은 표면이나
제3한강교 밑으로 흐르는 천하디 천한
세월의 배 지나간 자리가
아니라고 한다.

바로 내 발끝 앞에서 바삐 흐르는 강물은 나를 보고
나는 강물을 보고
나는 흐르며 잠시 눈물 반짝이는 강물에게 나도
그대가 생각해주는 만큼 순진한 놈은 못 된다고 했다.

사랑하는 사이 앞에서

모든 흘러감은 운동에 속하지 않는다.
모든 생활의 때는 타락에 속하지 않는다.
물은 높은 곳에서 낮은 곳으로 흐르고
도회지 깊은 밤, 쾌락과 배설의 찌꺼기, 껍질, 똥, 오줌,
담배꽁초, 껌종이가 흐르고
모든 버려지고 업수임 받고 가라앉는 것들의 슬픔은 강으로 흐른다.

그러나 사랑하는 사이로 종일을 서 있으면
슬픔은 신비스럽게 오래된 아픔의 무게가 되어 고이고
움직이지 않고 처연한 강 중심의 바깥에서부터
물결은 철썩, 철썩여대면서 한강은 고요하지만 거대한 몸부림, 용틀임의 털끝, 가장자리쯤에서
조금씩 조금씩 구역질을 하고 있는 것이 보인다.
그리고 미미하지만 사랑하는 사이로
부끄러워함과 뱉어냄은 아주 귀한 운동이다.
물결은 배신을 뱉어내고 오염된 생선은 뱉어내고
혼인 빙자 간음의 씨앗을, 네 발 달린 사산아의 두개골을 뱉어낸다.

그리고 흐르는 강과 생활에 바쁜 내가 사랑하는 사이로

그렇게 오래오래 서 있으면
강물은 점점 얕아지면서
익사한 비명소리는 점점 높아지면서
그러나 아아 눈물이 핑 돌 것 같은 강바닥의, 흙가슴의, 그리움의 온기가 느껴지고
웅덩이는 군데군데 모여서
네게 줄 것은 내가 견뎌온, 내게 남은 것은
몽땅 그대에게 드릴
아픔이 남겨준 아름다움뿐이라고 한다.
꽃 한 송이를 피우기보담은
늙고 찌든 젖가슴에 봄비 촉촉이 적시는
아주 오래된 위안을 구하러 온 나에게
강물은 저는,
업수이여겨 보는 것처럼, 얕은 흐름의 동요이거나
아니면 달빛 반짝이는 물 표면의 정지가 아니라
어떤 아픈 전설 같은, 그러나 아주 생생한
기억의 일부분일 뿐이라고 한다.
일사후퇴, 동학당 시절보다도 아주 먼
그러나 아직도 서로 사랑하는 사이로.

# 돌멩이

김응

겨울강 위에
꽁꽁 얼어붙은
돌멩이

바람이 볼을 꼬집어도
눈보라가 몰아쳐도
두 눈 질끈 감고
버틴다

겨울강 녹으면
물고기들과 함께
헤엄치려고

꼼짝 않고
버틴다

# 얼은 강을 지나며

정희성

얼음을 깬다
강에는 얼은 물
깰수록 청정한
소리가 깨어난다
강이여 우리가 이룰 수 없어
물은 남몰래 소리를 이루었구나
이 강을 이루는 물소리가
겨울에 죽은 땅의 목청을 트고
이 나라의 어린 아희들아
물은 또한 이 땅의 풀잎에도 운다
얼음을 깬다
얼음을 깨서 물을 마신다
우리가 스스로 흐르는 강을 이루고
물이 제소리를 이룰 때까지
아희들아

# 강물의 가계도

윤성학

내가 강에 가는 이유는
내가 물에서 잉태되었기 때문이어서가 아니다
강의 몸 안에 후사를 수태시키기 위해서가 아니다

강은 나의 문중門中으로서
오랜 혈통을 지녔다
나의 가문이 유구한 것은
오랫동안 같은 길을 흘러온 연유가 아니라
불평 없이 오늘도 흘러가는 까닭이 아니라

강물은 나의 가계에서 가장 지차를 많이 두어서는
반짝이는 사금파리였다가
안개로 막을 쳐 몸을 숨기고
밤에는 소리로만 흘러가기도 하면서
때론 온몸이 얼어 백사白蛇처럼 내륙을 기어간다

댐 아래 왼쪽 기슭 추락방지석에 앉아
강이 읽어주는 전가傳家의 대동보 소리를 들으며
일렁이는 내수면의 일거수일투족을 살피다 보면

>

길 때문에 길을 잃는 것이니
길을 잊으면 잃을 길도 없으리
강은 길을 묻지 않고
장구한 전통을 빛낸다

# 물의 행렬

**유병록**

관을 내려치는 못질처럼 비가 쏟아진다

구름의 시절은 땅속으로 질주해 사라진다 어쩌다 이 땅에 도착한 물방울은 이제 부서진 몸으로 딱딱한 세계의 한쪽 귀퉁이에서 길을 시작한다

흘러가는 것은 천천히 추락하는 것

굽이를 지나 낭떠러지에서 뛰어내리는 물방울, 투두둑 뼈가 부서지고 요동치던 체온이 탈출한다 살점이 공중으로 튀어오른다

수차례 정신을 잃고 혼절하는 물방울

누군가의 통증을 이해한다는 것은 아주 오래된 오해, 구름조차 지상의 비명을 이해하지는 못할 것

더는 견고한 무엇도 남아 있지 않은데 무엇도 물을 일으켜 세우지 못하는데

>

누더기를 걸친 성자의 행렬처럼 흘러가는 물, 조금씩 더 남루해질 테고 지상에서 끝내 구름의 체온을 회복하지 못한 채 증발해버리겠지만

멈추지 않고 흘러가는 동그라미의 일생

# 낙동강

안상학

저 강이 다 흘러가기 전에
기억해둬야지 은모래
발가숭이들 은어 몰던 은빛 여름
금모래 미루나무 숲 키 큰 그늘
머리 풀던 갈대바람 금빛 가을

저 강이 더 흘러오기 전에
마음에 새겨둬야지
빨래터 그 눈부시던 무명천 물결
월남치마 말아 올린 어머니의 허벅지
찰랑이던 물살
새로 산 고무신 숨겨둔 곳 잊어버린
아이들의 울음소리
드넓은 모래밭 재첩들의 집

기억해두어야지
저 환한 강이 더 흘러가기 전에
그때 놓아준 어리디 어린 칠성뱀장어까지
마음에 새겨두어야지

저 어두운 강이 더 흘러오기 전에
아슴한 기억 속으로 흘러간 그 종이배까지

저 강이 더 흘러가기 전에
저 강이 더 흘러오기 전에

# 강의 이주移住에 관한 4편의 송가

김경주

1

나의 강江 밑을 상상해본다

물 밑을 흐르는
산울림과
돌 사이 어두운 살들을 지닌
물고기들
사람의 눈을 보았던 눈동자
너는 어디로 흘러가는가
가라앉은 돌멩이들의 희멀건 말들은
어느 해안선이 되려는가

저녁은 살아 있는 것들이 향수병鄕愁病을 앓는 시간이다
그런 저녁에 매달린 나의 물방울들은
모두 어디로 흘러가는가
물속의 고기들은 저마다 부력浮力이 달라
물속에서도 하늘을 헤아리고
바닥의 무덤들로 비늘들이 쌓일 때마다
자신의 부력에 쌓이는 만년설을 상상한다

그해의 평행平行이란 조용히 가라앉아 보기만 한다
그 쓸쓸한 물의 둘레에
너의 물가를 어떤 말로 달래고 있는가

저녁의 강은 자욱한 구름들이 물 밑으로 스며와
돌 속으로 살림을 옮기는 시간
그걸 나는 돌의 살갗이라 부르기도 하고
먼 해안선만을 읽고 있는 나의 말들은
자욱이 부서지라고
나의 수사학엔 인간의 언어들이 모두 연약해져갔다

2

나의 강은 어디쯤 가고 있는가

늦은 오후 뱀 한 마리 바위에서 기어나와 강을 핥는다
그 침침한 눈빛이 먹먹해서
소포를 부치러 가다가
쭈그려 앉아 보았다
희미한 거품을 물고……

뱀이 숲 속 그늘로 돌아가는 소리를
그 뱀의 눈에 열리는 밤의 예감으로

나는 하구河口에서 가장 멀리 있는 색깔로
호흡하던 나의 말들이 해로워져가는 것을
강 속에 귀를 가득 담가본 피륙들의
숨소리로 물가가
이 세계에서 다른 세계로 건너가는 것을
그 물소리에 배를 띄우는 자들의 생명을
나는 지구의 음악이라고 불러도
더 이상 해롭지 않다는 것을

자신의 지구地球가 물이 마르는 소리에 꿈이 깬다면
그것은 우리의 악몽에 다름 아님을

3
강가의 물소리를 들으며 숲이 잠들어 있다

시인이여 밤마다 두 귀에 가득 찬 지구地球에

자신의 물방울들이 강을 이루는 것을 들어야 한다

(이 말에 바치는 흐름은
인간의 일기日記에 목마름을 표기한다)

시인이 눈송이를 물고 날아가는데
기상 예보가 필요한가

그곳은 하나같이 강심江心이 모여 있는 객지가 아니던가

4
나의 강은 너의 어느 얼굴로 쉬고 있나

강의 숨소리가 자꾸만 야위어가고 있다
저 숨소리로 이륙하는 인간의 말은
어디서 보아야 하나
태양에서 검은 물고기들이 뚝뚝 떨어지는데
하늘은 여행 중인 것처럼 침묵하고
어두워지기 시작하는 강 속으로 걸어

들어간 나의 숲을 찾는다

그 숲에서 꺼낸 나의 연필은 숨을 쉬고 있다
강으로 흘러가는 한 토막나무처럼
가장 연약한 곳에 거주하기로 하는
하나의 말이 되기 위해,

강의 숨소리는 야위어간다는 것을

안다
아는가

# 시를 위하여

김사인

강물은 흐르지 않는다 강의 잔해만이 초라할 뿐
시는 씌어지지 않는다

기다리지 않는다 사람들은
가슴에 강물이 고일 때를
고인 강물이 옷을 벗고 알몸이 될 때를
강물이 몸을 일으켜 제 아랫도리를 굽어볼 때를
기다리지 않는다
혼자 떠나는 강물의 뒷모습을
떠난 강물이 남긴 발자국들을
그 발자국에 남아 잠든 새끼 강물들까지를

떠나지 않는다 사람들은 떠난 강물을 만나러
대신 강물이 되어 비우고 간 자리에 눕지 못한다
새끼 강물을 배지 못한다

강물이 흐르지 않는다
시가 씌어지지 않는다

# 강의 기술

조기조

기술은 자연의 전쟁이다
하지만 자연을 이기려는 것이 아니다
자연이, 자연답지 못할 때
자연을 자연답게 만드는 공사다

기술은 삶의 전쟁이다
하지만 삶을 넘어서려는 것이 아니다
삶이, 삶답지 못할 때
삶을 삶답게 만드는 공사다

천길 산정에 수로를 뚫고
가문 내륙에 강을 만든 것도
자연이 삶답고 삶이 자연다울 때
실패하지 않는 공사가 되었다

강이, 강다워지는 것 또한
강이 사람을 닮고 사람이 강을 닮을 때다
인류의 유산은 강이 아니라
강을 강답게 만드는 기술이다.

# 저물어가는 강마을에서

**문태준**

어수룩한 나에게도 어느 때는 당신 생각이 납니다
당신의 눈에서 눈으로 산 그림자처럼 옮겨가는 슬픔들

오지항아리처럼 우는 새는 더 큰 항아리인 강이 가둡니다

당신과 나 사이
이곳의 어둠과 저 건너 마을의 어둠 사이에
큰 둥근 바퀴 같은 강이 흐릅니다

강 건너 마을에서 소가 웁니다
찬 강에 는개가 축축하게 젖도록 우는 소를 어찌할 수 없습니다
낮 동안 새끼를 이별했거나 잃어버린 사랑이 있었거나
목이 쉬도록 우는 소를 어찌할 수 없습니다
우는 소의 희고 둥근 눈망울을 잊을 수 없습니다

어수룩한 나에게도 어느 때는 당신 생각이 납니다

# 한포천에서
## —흘러갔으나,
## 흘러간 것들 다시 불러주는 내 고향

함민복

도끼날로 얼음장 찍어 구멍 뚫어놓으면
양잿물에 삶은 빨래 한 함지박 이고 와
살얼음 건어내며 빨래 헹구던
어머니 시려 팔목까지 붉다 푸르던 손
그 물가 둑에서 아카시 열매
프르르륵 프르르륵 삭풍에 울었지

물여울이 풀어지는 종아리 노리 물속에 들어가
파릇파릇 자란 메나리 뜯던 누이를 위해
고지박 불 피워놓고 아직 지느러미 덜 풀려
둔한 구구락지, 붕어 잡아 구우면
지글지글 심심하고 담백하던 물고기 살
아지랑이 아지랑이에 물가 번단에 풀 돋아나면
괜히 신나 맨발로 토끼풀밭 내달리다가
벌 쏘여 간지럽던 아, 조그만 발바닥

계집애들 곰비임비 매끄러운 돌 쌓고
돌 깔아 물가에 방을 만들고 돌그릇
밥상을 차렸지 괜한 심술에 돌담을 허물고

물속으로 뛰어들었지
미역을 감다가 귀에 물이 들어가면
한 발로 깽깽이를 뛰고 그래도 안 되면
납작한 돌로 귀를 막고 뾰족한 돌로 쪼았지
뜨끈한 물이 흐르며 귀가 뻥 뚫릴 때
막막하게 들려오던 매미 울음소리
울음 끈기에 명수, 매미 울음소리

추수하느라 고단해 동네 누이들 깊이 잠들었는가
사에이치 형님들 휘파람소리 헛 날다 시들고
덩달아 몸 야윈 물길 얕잡아보았던가
볏섬 실은 방앗간 마차가 물에 빠지고
어린 손들 우르르 마차에 매달렸지
용쓰던 소가 물속에서 앞발을 꿇고
방앗간 집 아들 이랴! 지랴! 소리치며
물먹은 고삐로 소 목덜미를 후려쳤지
우드드득 무릎 펼쳐지고
가까스로 물을 건넌 늙은 암소의
물길처럼 휜, 긴긴 울음소리,

단내 나던, 단내 나던?

# 북한강행 4
— 파로호에서

신경림

배터에서 첫 배는 아홉 시에 뜬다
북쪽 내 나라 산이 멀리 보이는
북한강 끝마을 비수구미는
여기서도 팔십 리
동짓달 초순께 호수는 이미 겨울이어서

밥집 뜨듯한 안방에는
우리보다 먼저 스님 셋이 들어
아침상을 기다리고 있다

고방 마루에는
아직 숨이 끊어지지 않은 가물치들이
허옇게 배때지를 드러낸 채 헐떡이고
물에 빠져 죽은 병정들의 요란스런 휘파람소리로
산 밑을 도는 통통배가
창에 붙인 손바닥만 한 유리로 내다보인다

# 문병

박준

당신의 눈빛은 나를 잘 헐게 만든다

아무것에도 익숙해지지 않아야 아무도 울리지 않을 수 있다 해서 수면水面은 새의 발자국을 기억하지 않는다 저 길을 따라 올라가면 은어가 하루처럼 많던 날들이 나온다 오래된 물길들은 산을 베는 법이 없고

강 건너 불빛이 마른 몸을 기대오는 흔한 저녁, 미열을 앓는 당신의 머리맡에는 금방 앉았다 간다 하던 어느 사람이 사나흘씩 머물다 가기도 하는 것이었다

# 화석

**임경섭**

다시 태어난다. 우리는 몸짓의 틈에 살고 있기 때문이야. 애인은 가끔 밑반찬을 들고 찾아와 숨 쉬는 걸 확인하곤 돌아가서 나를 죽였다. 아무도 찾을 수 없는 곳, 그래 나는 태어나지도 못하고 자주 죽곤 했다.

그리고 떠내려간 물고기는 돌아오지 않았다. 썩지 않고 어느 강 하구쯤에 퇴적되었을 몸부림. 너의 방생을 애도해야 할까, 고민하는 날들이 잦아졌다. 페트병에 담아둔 너를 놓친 순간, 나는 거듭되는 주변의 임종에 대해 태연해졌는지 모른다.

이승과 저승의 경계가 이토록 투명하다니! 떠날 때야 비로소 요동치는 목숨들. 살아 있다는 건 몸부림치는 것이 아니라 고요히 새겨지는 것인지도. 죽음의 얇은 막膜에 싸여 미처 발굴되지 못한 얼굴들이 방 안을 둥둥 떠다닌다.

움직이는 화석에 대해 묵념하는 시간, 다시 태어난다. 어제는 태어나보지도 못하고 아팠다. 귀 기울이면 고요했던 탄생들은 요란하게 떠나가고, 자정 지나 응애— 둥근 울음으로 태어났다가 금세 새근새근 옆집이 또 한번 죽어나간다.

# 남한강 기행

김형수

## 발원지를 찾아서

내가 그 먼 길을 찾은 것은
나의 길이 송두리째 없어지고 나서였다

숱한 햇살이 다녀간 후였던가
나는 처음이지만
물 위엔 이미 흔적이 있었다

아, 자연이란 그리도 지엄한 것이던가
물가의 풀포기가 낫에 베인 흔적
누군가 생명 한 줌을 징발해간 흔적

그 위로 서리 맞은 능금 잎이 떨어지고
꼬리 긴 다람쥐가 물을 먹던 자리인 듯
날카로이 각진 돌에 물이 묻어 있었다

## 오장폭포

또 떠난다 행려하는 마음은 버릴 곳도 없다 세상은 볕 들고 반짝이는 물길을 따라 온통 침묵뿐이다 내 안에서 여태 떠든 건 누구였는지 정선에서 잠시 아내와 통화하고, 녀석들한테 전화 왔어? 알았어! 끊고는 더 멀리 도망한다 이게 잘못인 줄 알면서도, 어쩌다 이렇게 됐노, 슬프다 이제는 문학이 뭔지 세상이 뭔지 안 쳐다보고프다 그때는 강둑이 무너질까 속 끓일 일도 없겠지 하면서 지금은 없는 예전의 약속처럼 공허한 꿈 공허한 노래들이 한사코 흐르는 것을 본다 그 속에서 한때는 나를 지탱했던 것들이 이제 나를 무너뜨린다 그래 손금을 펼쳐놓고 구불구불 오다 보니 네가 있구나 폭포야 용하다 하루 온종일 볕도 들지 않는 데서 제 몸을 부수어 계곡을 지키는, 넌 왜 이리 깊은 곳에 있는가?

## 산촌 순례

대통령 선거가 끝나고
다들 뿔뿔이 흩어졌다

다시는 돌아보고 싶지 않겠지
패배란 그런 것
마지막에 남아
빚을 갚은 놈들이 모임을 해산하고

나는 산촌을 돌았다
밤과 낮을 가리지 않고
아니 밤이면 더욱
자갈길과 아스팔트길을 가리지 않고
아니 자갈길이면 더욱
아무도 더럽히지 않은 빈집과
하모니카의 열매를 알알이 달고 있는
옥수수밭을 만났다

더 이상 갈 곳이 없을 때
거기 김삿갓의 무덤
거기 조기천이 전사한 계곡
전쟁 때 미군기가 폭격한 너와집이 있었다
점심을 먹자 해거름이 오고

햇살은 잘 익은 석류처럼
계곡의 상처였다

슬프다는 느낌은 들지 않는다
서둘러 냉전기를 산 실패한 혁명가들아
나는 밥 짓는 마을의 연기처럼 그리운
지난 세기를 눈물로 회고한다
몇 억, 몇십 억에 이르는 옛 연인을
몽땅 잃은 것 같은 심정으로
하루가 또 가고

갈참나무 머리에 낮달만 차가운데
무덤 산 뒤로 햇살이 숨자
몇 억 광년의 속도로
빛무리가 몰려와 그림자를 쓰러뜨린다
나는 길게, 아주 길게 드리워져서
황혼이 만지작거리는 대로
나를 맡겨두었다

# 자본의 강, 뻔뻔한 나라

**강형철**

붕어의 머리 위에 철심이 꽂힌다
메기의 머리 위는 더 볼 것이 없다
가물치, 빠가사리, 박남준의 버들치, 김용택의 송사리
모두의 정수리에 공평하게 넉넉하게 그리고 안심하며 철심을 박는
다
사람의 머리에도 박는 철심인데
사람의 심장에도 끄떡없이 타설하는 철근 콘크리트인데
그까짓 민물고기 머리통 따윈
메뚜기나 물어가라고 할 것

송사리는 송사리
각시붕어는 각시붕어
지까짓 것들이 물속에 어린 빛 이마나 빛내며 강가를 설치지만
물웅덩이 손바닥만 한 굴형도 만들지 못하는 것
엷은 비린내나 풍기며 베스나 가물치에게 먹히는 것
먹고 먹혀봐야 지까짓 것들
우리처럼 다리를 건설하랴
수중보 튼실한 콘크리트 구축물을 만들랴
가끔 터져 사람들이 사는 마을로 도시로 범람하는

홍수를 만들랴 돈을 엄청나게 모아주는 도둑을 만들랴

우리는 자본
튼튼하고 강건한 자본
강바닥에
강물 위에
물속에 사는 것들의 심장과 정수리
모든 것의 이마 위에
'오래된 미래' 션찮은 책을 가슴에 안고 사는 소박한 생태주의자들에게
삼보일배 어쭙잖은 발걸음으로 무릎 꿇는 미욱한 중생들에게
당당하고 뻔뻔하게 그러나 의젓하게
아이 빔과 에이치 빔을 꽂아
다리도 건설하고 나라도 건설하고
아, 우리의 왕국을 건설하지
이 시대 최고의 제왕
자본의 당당한 왕국 당당한 제국
우리들 뻔뻔한 나라,

# 강물의 노래

고증식

지 에미

가슴팍에

함부로

삽날 꽂지 않는

그런,

패륜 없는

나라에

살게 해다오

# 뒷감당

손세실리아

노트북이 먹통이다
하드디스크에 치명적 손상이 갔단다
데이터 복구비만도 기십만 원
한술 더 떠 완전 복구는 장담 못한단다
악성 바이러스를 자동으로 퇴치하는
실시간 감시 무료 백신을 깔아놓고도
클릭 한 번 한 적 없으니 당해도 싸다
게다가 하필이면 오리무중 5% 안에
출간 준비 중인 원고가 몽땅 들어 있다
달아난 시의 편린이라도 채집해보려
안간힘을 써보지만 어림없다
가물가물하다가 끝내는
저희끼리 뒤엉켜 아수라장이다
초기화된 백치 컴퓨터를 찾아 나오는데
전광판에 4대강 홍보 영상 한창이다
가히 무릉도원이다 그 어디에도
이물스런 가설물로 인해
신음할 뭇 생명에 대한 연민은 없다
생태계 교란에 대한 우려도 탄식도 없다

컴퓨터 보조기억장치 하나 훼손되어도
무력해지는 게 인간이거늘 심지어
신의 창조 영역인 강줄기를 왜곡시켜 놓고
그 뒷감당을 어쩌겠다는 겐지 이쯤에서
틀어쥔 강줄기의 멱살 풀어주기를
마구잡이로 끊어놓은 혈관 봉합하기를

더 늦기 전에
그나마 돌이킬 수 있을 때

# 강이 사라졌다

정우영

살과 뼈가 문드러진 버드나무와 갈대와 물풀들이 마지막 숨 거칠게 몰아쉬고 있다 눈동자가 썩은 사람들이 흐물흐물 걸어 나와 강을 쓸어내린다 강이 사라졌다 사라진 강물 속으로 긴 철새들의 이동이 시작되고 맥 빠진 노을도 꼬리를 물었다 말간 은어를 만지작거리던 누이가 풍덩 하백을 따라갔다

# 그린그래스Greengrass가 사라졌네*

김현

그린그래스는 녹색 사업을 시작한 1행성으로 이주해온 이후에도 3행성의 허튼 그림자를 지우지 못했다. 그는 시시콜콜 그곳을 추억하며 다시 한 번 먼지 냄새가 자욱한 건축 시절의 영광에 젖어들길 바랐다. 그가 매일 밤, 토건을 위한 노래가 자동 반복되는 비행 유리관 안에 누워 잠이 든 것도 그 때문이었다. 낡은 이웃들은 그가 웅당 묘지로 돌아갔을 것이라며 인조 입술을 수축했다.

전격 Z는 강 제조 공장*에서 그린그래스와 함께 수면 장력을 최종 점검했다. 그는 그린그래스가 자신의 이름난 향수병에 담아 다니던 고약한 노래에 대해 다음과 같은 오래된 뉴 유클리드 홀로그램*을 당신에게 보여주었다.

*하늘엔 조각구름 … 강물엔 유람선이 떠 있고 저마다 누려야 할 행복이 언제나 … 볼수록 정이 드는 산과 들 우리의 마음속에 이상이 끝없이 … 원하는 것은 무엇이든 … 뜻하는 것은 무엇이건 … 이렇게 우린 은혜로운 이 땅을 위해 이렇게 우린 … 노래 부르네**

열두 개의 달들이 이루는 육중한 기계 화음이 멈췄다. 눈살을 찌푸리며 흐릿한 노래를 지켜보던 전격 Z는 서둘러 홀로그램 키트를 닫았다. 세차게 혀를 떨며 공장을 나섰다. 전격 Z의 어깨 위에 초록 녹이 파릇파릇 돋아 있었다.

돌아가는 삼각지에서 당신은 그린그래스와 일주일에 한 번씩 교제한 하소연 사이보그 아이를 만났다. 아이는 그의 하소연들을 클릭했다. 눈꺼풀을 내렸다 올릴 때마다 아이의 목소리가 섞인 그린그래스의 천진난만한 목소리가 흘러나왔다. 저 푸른 룽산 위에 그림 같은 주상복합 건물을 지으며 사랑하는 우리 님과 한백년 시멘트를 바르고 싶어. 아이는 목 밖으로 튀어나온 붉은 전선을 뜯어냈다. 목소리를 가다듬으며 말했다. 사이보그지만 괜찮아 병원*을 권했어요. 덴시 힌지Denci Hinji의 방송*에서 3행성 증후군에 대해 들었거든요.

묘지를 꿈꾸던 그린그래스에 대한 이야기는 점점 엷어졌다. 행성에 세워진 거대한 열두 개의 인공 펌프들은 낙후되며 기울었다. 행성의 물풀은 빼빼하게 말라갔다. 강제 철거되는 기계들이 속속 새까맣게 드러났다. 그들 중 몇몇은 푸른 풀*의 후렴구에 그린그래스라는 말을 올렸다. 사라진 그린그래스의 비행 유리관이 무덤덤하게 나타난 건 녹색 무덤을 이룩한 생산 설비가 6행성으로 모두 옮겨간 직후였다.

>

그린그래스는 불투명 불면 상태로 전환된 비행 유리관에서 눈을 떴다. 관 뚜껑을 열고 밖으로 나왔다. 하늘엔 버려진 관들이 기념 애드벌룬처럼 떠 있고 앙상한 강바닥엔 난파된 카지노선이 떠 있었다. 그린그래스는 자신이 누려야 할 인공 눈물을 다량 투약했다. 그는 자신이 그토록 그리던 묘지에 와 있음을 확신하며, 다 늙은 목소리로 나직하게 1세대 홀로그램을 꺼내 불렀다.

*아아 우리 조국.*
*아아 영원토록 사랑하리라.*

---

* 무덤에 살고 있는 전자양(孃)이 푸른 풀의 후렴구에 붙여 부르던 가사.
* XX 10년, 네 개의 강이 사라진 3행성에서부터 최초의 생산 설비가 가동되었으나, 이후 행성이 묘지화되면서 결국 일체의 생산 설비를 1행성으로 옮겼다.
* 유클리드 기하학에 입각한 2세대 홀로그램으로, 입체상들의 선명한 재현이 가능하다. 현재는 입체상들의 정서까지 깨끗하게 드러내는 6세대 홀로그램 뉴 트로지나가 널리 사용된다.
* 3행성 녹색 사업 당시 널리 불리며 인기를 끈 노래 중 하나. 이후 여러 신축 행성에서 리메이크되었다. 다음은 3행성의 여러 버전 중 하나를 빌려온 것이다.
* 전(前) 세계 정신병원 부지에 들어선 그림자 제거 전문 병원. 보이는 그림자 보이지 않는 그림자, 뜬 그림자 가라앉은 그림자, 두꺼운 그림자 얇은 그림자 등 어떤 그림자라도 제거할 수 있는 곳으로 유명했다.
* 이야기 상실증을 앓는 SF 소설가이자 포크 음악가인 덴시 힌지(전자양)가 진행하는 라디오 프로그램 '안드로이드는 묘지를 꿈꾸는가?'
* 물기가 사라진 말기 3행성에서 널리 불리던 노래. 묘지의 공용 주파수 달빛을 따라 1행성으로 전해졌다. 후렴구의 같은 멜로디에 부르는 기계에 따라 각기 다른 단어나 문장을 붙여 부른다.

# 가로와 세로

박철

세로 땅 가를 생각하지 말고
가로 갈라진 땅이나 이을 생각하라
세로 물 흐르게 할 생각 말고
세로 사람 흐르게 하라 먼저
돈 들여 시멘트 쌓지 말고
돈 들여 철조망 걷어내라 시방
거꾸로 가지 말고
가로세로 두루 좋게끔
사람 사는 세상 만들어봐라 이제
없는 물놀이터 만들 생각 말고
있는 물놀이터 즐기게 하라
거꾸로 거꾸로 가지 말고
내 말 들어!

# 아기 은어와 버드나무 할아버지

**윤동재**

낙동강 아기 은어가
겁에 질린 얼굴로
강가의 버드나무 할아버지에게
물어보네요
들려오는 저 소리
무슨 소리인가요?
포클레인 소리 불도저 소리 트럭 소리
밤낮 없는
저 소리 때문에
아기 은어와 버드나무 할아버지가
머지않아 살던 곳을
송두리째
잃어버리게 된다는 것을
버드나무 할아버지는
차마
알려주지 못하고 있네요

# 강을 위한 망가

**윤예영**

일요일 오후 산책을 해요
강변을 따라 걷지요
엄마들은 쇼핑 카트에 인형 얼굴을 한 아기들을 태우고
아빠들은 빨강 파랑 노랑 헬멧을 쓰고 인라인스케이트를 타요
햇살은 차갑지도 않고 뜨겁지도 않고
그러니까 두 시와 세 시 사이에서 초당 일 도씩 기울구요
젤리처럼 출렁이는 강물 위에는
고무 오리가 헤엄을 쳐요

리뉴얼된 강가에는 갈대나 잡풀은 자라지 않아요
대신 헬륨가스를 빵빵하게 채운 풍선들이 노래를 해요
*이 강은 폭 1.5미터 길이 400km의 첨단 시스템으로서*
*자체정화 시스템과 자동수위조절 장치를 부착하여*

조심하세요!
아이들이 카트에서 뛰어내릴 수 있어요
엄마, 내가 풍선이 지껄이는 잔소리까지 들어야겠어?
그리곤 귀여운 무릎을 구부리며 물수제비를 뜨지요
고무 오리가 날아오르고

그렇지!
풍선이 터지고
그렇지!
시리얼 상자가 터지고
아니, 그건 아니야
우유가 상해요
오 저런!

그제야 아빠는 아이를 번쩍 안아 카트에 싣고
엄마는 풍선을 꺾어 아이의 입에 물려주어요
자 불어봐, 우리가 어렸을 땐 이걸 불고 놀았지
*이 강은 폭 1.5미터 길이 400km의 첨단 시스템으로서*
*자체정화 시스템과 자동수위조절 장치를 부착하여*

아빠는 다시 팔꿈치를 90도로 구부리고
오른발 왼발 오른발 왼발
헬륨가스를 잔뜩 들이마신 아이들이 끄덕끄덕 졸기 시작하면
어느덧 강물 위로 노을이 내려앉아요
엄마들은 인형의 눈꺼풀을 닫아주면서

어쩌다 아이들 눈꺼풀까지 내려주는 신세가 되었을까
비탄스러운 한숨을 쉬지만
사실은 행복해 미칠 지경
*이 강은 폭 1.6미터 길이 400km의 첨단 시스템으로서*
오늘치의 땀을 다 흘린 아빠는 이제 헬멧을 벗으며
사실 컨베이어벨트 시스템이 첨단은 아니지, 안 그래?

맞아요, 아랫동네엔 진짜 강물처럼 강이 흐른다잖아요
구부울 구부울한 강물 말이에요
그래, 뱀처럼 **구부울 구부울** 말이오
걱정 마 언젠가 우리도 걷게 될 거야
진짜 강이 흐르는 마을로 이사를 갑시다!
그러나 사실 엄마도 알아요
이 마을밖에는 어떤 마을도 없다는 걸

조명이 꺼지고
풍선들이 일제히 터지면
드디어 일요일 오후의 산책은 막을 내리고
아이들은 진짜 강물 한번 보지 않고도

진짜보다 더 진짜 같은 걸 척척 그려낸다죠?
그건 그랑자트섬의 일요일 오후보단 덜 인상적이겠지만
엄마 아빤 어쨌든 열렬히 박수 치겠죠
진짜 같은 가짜가 진짜 진짜라고
그게 **진짜**라고 배웠으니까

근데, 밤에도 강물은 흘러가나요?

# 도망자

박혜선

강물아,
너라도 가렴
버드나무 그림자가 그리워도
두고 떠나렴
산모퉁이 휘감던 빠른 물살로 떠나가렴
풀꽃이 피고 지는 강둑
사락거리는 모래밭
갈대밭에 푸덕거리는 새들
들 일구던 농부들까지 모두 버리고
너 혼자만이라도 떠나렴
강길 막히기 전에 출렁출렁 흘러가렴
강길 사라지기 전에 넘실넘실 흘러가렴
이 길이 마지막인 양 눈물 흘리지 말고
수천 년 전
수십만 년 전부터 너희들의 길이니
당당하게 흘러가렴.

# 흐르지 않는 강
## — 다시 MB에게

송경동

아, 당신이 내 몸속 구부러진 혈관들도
바르게 펴서 일렬로 세워주면 좋겠다

헐은 위장에도 콘크리트 벽을 세워
쓰린 역류를 막아주면 좋겠고

췌장 바닥까지 포클레인을 넣어
오래된 결석들을 준설해주면 좋겠다

당신은 그것이 가능하고
그것이 미래이며 효율적이라고 생각하는 이상한 종족
세상의 모든 것을 도구와 화폐로
바꿀 수 있다고 생각한다

보라, 그 무지와 폭력으로
지금 수천만 개의 촉촉한 눈동자들이
지금 수억만 개의 부드러운 지혜들이
지금 수조억만 개의 새로운 체험들이 내동이쳐지고 있다

>

보라, 당신이 지금
우리 모두의 숨겨진 배후를 짓밟고
우리의 처음을 훼손하고 현재를 부정하고
우리의 미래를 도륙하고 있다

당신은 배후가 없어진 우리들에게서
그림자마저 떼어갈 시대의 악한

명심하라
오늘도 뜨고 지는 저 태양의 빛나는 경고를
저 달의 차디찬 직시를
저 강에 번뜩이는 댓잎 지느러미들의 날카로운 화살촉을
발가벗겨진 대지의 분노를

똑바로 보아라
이 대지의 수많은 연관과
연대의 깊은 뿌리들이 얽혀
곧 당신의 해괴한 전모를 이 땅에 드러내고 말 것이니
4대강이 곧 당신의 수장처가 되고 말리니

그러고도 이 역사의 강 생명의 강은
오래도록 말없이 흐르리니

# 타는 논바닥을 적시며
## —한이의 돌날에

서홍관

네가 물이라면

저 깊은 땅속 바위틈에

홀로 남아 고여 있기보다는

비록 더러운 흙탕물의 길일지라도

유월 가뭄에 타는 논바닥을

적시며 흘러갈 줄 아는

이 나라의 살아 있는 강물이 되어야 한다.

# 천년의 몸

**오도엽**

나는 강에서 태어났다네 실개천 따라 하염없이 달리던 아버지는 폭포를 만나 떨어지며 회오리치는 용소에 이르러서야 가쁜 숨 멈추고 어머니의 몸에 나를 잉태시켰다네 나는 올챙이와 함께 헤엄을 배웠고 모래무지와 돌 틈에 숨어 사랑을 나눴다네 달빛 가득한 날에는 갈대숲에서 풀어 헤쳐진 열여섯 뽀얀 가슴을 훔쳐보았고 한여름 땡볕에 까맣게 탄 꼬치 덜렁이는 깨복쟁이들에게 헌집 줄게 새집 다오 노래를 들었다네 강 너머에서 시집온 새댁이 빨래를 치댈 때 흘러내린 눈물에서 설움을 배웠고 쟁기 대신 대패를 챙겨 강을 건너던 농부의 한숨에서 화를 읽었다네

나는 강에서 산다네 나의 어머니와 함께 어머니의 어머니가 흐르는 저 강에 나의 아버지와 더불어 아버지의 아버지가 천년을 이어 살아 있듯 내 딸이 살아야 하고 딸의 아들이 잉태되어 그 아들의 딸이 태어나 그 딸의 딸이 천년을 잇고 만년을 출렁이며 흐르고 흘러야 하는 저 천년의 몸에

# 앞강도 야위는 이 그리움

고재종

그토록 흐르고 흐를 것이 있어서 강은
우리에게 늘 면면한 희망으로 흐르던가.
삶은 그렇게 만만하지 않다는 듯
굽이굽이 굽이치다 끊기다
다시 온몸을 세차게 뒤틀던 강은 거기
아침 햇살에 샛노란 숭어가 튀어오르게도
했었지. 무언가 다 놓쳐버리고
문득 황황해 하듯 홀로 강둑에 선 오늘,
꼭 가뭄 때문만도 아니게 강은 자꾸 야위고
저기 하상을 가득 채운 갈대숲의
갈댓잎은 시퍼렇게 치솟아오르며
무어라 무어라고 마구 소리친다. 그러니까
우리 정녕 갈 길을 따라 거닐며
그 윤기 나는 머리칼 치렁치렁 날리던
날들은 기어이, 기어이는 오지 않아서
강물에 뱉은 쓴 약의 시간들은 저기 저렇게
새까만 암죽으로 끓어서 강줄기를 막는
것인가. 우리가 강으로 흐르고
강이 우리에게로 흐르던 그 비밀한 자리에

반짝반짝 부서지던 햇살의 조각들이여,
삶은 강변 미루나무 잎새들의 파닥거림과
저 모래톱에서 씹던 단물 빠진 수수깡 사이의
이제 더는 안 들리는 물새의 노래와도 같더라.
흐르는 강물, 큰물이라도 좀 졌으면
가슴 꽉 막힌 그 무엇을 시원하게
쓸어버리며 흐를 강물이 시방 가르치는 건
소소소 갈댓잎 우는 소리 가득한 세월이거니
언뜻 스치는 바람 한 자락에도
심금 다잡을 수 없는 다잡을 수 없는 떨림이여!
오늘도 강변에 고추 멍석이 널리고
작은 패랭이꽃이 흔들릴 때
그나마 실낱같은 흰 줄기를 뚫으며 흐르는
강물도 저렇게 그리움으로 야위었다는 것인가.

# 다산 묘소 가는 길

**이영진**

흐르는 물을 거슬러 더러 양수리를 향해 가지. 쉼 없이 흐르는 탓일까. 강엔 언제나 물이 많아, 양켠에 늘어선 산들이 물속으로 포개어 눕고, 어느 때를 가릴 것 없이 길은 비좁다. 찻길 변에는 때아닌 산오징어와 북한 소주가 좌판 위에 널려 있고, 그래 세상에 팔지 못할 것이 무엇이겠느냐. 동해 속초 너머 화진포어림 어디쯤이나 평안도 해바라기 고운 회천 어디쯤이 아니어도 쉼 없이 팔고 또 팔 수 있겠지. 늘어선 가로수 푸른 잎새 사이로 '실사구시實事求是' 그대 먹을 갈아 붓을 들던 그 지심地心 깊은 손길이 안타깝지만 강처럼 흐르는 이 쉼 없는 욕망이 그대에게 가는 길보다 더 멀다.

다산, 그대 묘소를 내려와 물가로 가면 매운탕집 간판보다 먼저 수국이 피어 길 떠나온 먼 세상의 더운 가슴을 삭이라 이르고 빈산 가득 낮 뻐꾸기 정정히 울어 고요히 가라앉은 물속에 무거운 짐을 부리라 한다. 서둘지 말고 천천히, 쉼 없이 오라 한다. 수국 피어 그림자 진 고요한 물가, 그대 오래도록 잠들은 그 먼 길.

발문

# 카우보이 영혼에 맞서는 시의 상상력

고영직(문학평론가)

## 1. 이것은 '참회록' 이다

100명의 시인이 참여한 앤솔러지 《꿈속에서도 물소리 아프지 마라》는 강江에 관한 100편의 이야기를 담고 있는 시집이다. 100명의 시인은 이 시집에서 인간과 자연은 어떻게 참된 관계를 맺어야 하는가 하는 문제를 사유하면서 궁극적으로 역逆유토피아가 일상이 되어버린 우리 사회에 대한 근본적인 성찰의 상상력을 행간에 부려놓고 있다. 그래서 이 시집은 강에 관한 이야기의 형식을 취하고 있지만, 결국 좋은 삶이란 무엇이고 좋은 사회란 무엇인지를 묻는 우리 시대의 '참회록'으로 읽어야 마땅할 것이다. 그렇다, 이 시집은 슬픔과 분노의 참회록이다.

우선, 말(言)을 다루는 시인으로서 위정자들이 사용하는 말의 타락과 오용에 대한 '자책'의 윤리학을 드러낸다는 점에서 그렇다. 위정자들은 소위 '4대강 살리기'라는 고약한 작명을 고안하는 데 그치지 않고, 4대강 사업이 국토를 업그레이드시키는 녹색뉴딜사업이라고 홍보하기에 여념이 없다. 그러나 잘못된 언어를 사용하는 것은 그 자체가 문제가 된다. 말이 인식을 낳고, 인식이 행동을 낳고, 행동이 변화를 낳는 법이다. 그래서 타락하고 오염된 언어로는 이 세계의 구원을 상상할 수 없다. 그런 언어의 본질이란 죽임의 언어이기 때문이다. 말의 타락과 오용을 용인하는 사회에서는 "국토 곳곳이 용산참사역"이 아닌 곳이 없고, 이런 사회에서 시인은 "어느새 죽임의 언어에 길들여져/함부로 시를 써서/당신을 아프게 한 날 많이 있었으니"(홍일선, 〈첫 시를 쓰던 첫 강으로 돌아가야 하리〉)라는 자책을 하는 것도 무리는 아니다. 이 시선집은 항상 '공공의 더 큰 이익'을 명분으로 내세우는 위정자들의 잘못된 정책 언어들에 맞서 말의 참다운 가치 회복을 추구한다는 점에서 참회록의 일종으로 읽어야 마땅할 것이다.

이른바 4대강 사업은 자본-권력 동맹 세력에 의해 시민들의 동의적 헤게모니 절차조차 거치지 않고 추진되고 있다. 이 시선집에 참여한 시인들은 4대강 사업은 대규모 환경 파괴와 혈세 낭비를 야기하는 국책사업이라는 인식을 공유하면서도 존재론적 자기 고백의 언어와 상상력을 통해 이 4대강 문제의 저류底流를 성찰하고자 한다. 민주주의의 퇴행과 위험 사회로 향하는 명백한 징후들을 성찰하고 사유하는 말들의 풍경은 서늘하면서도 뜨겁다. 물론 시인들마다 음역과 음색이 다르다는 점은 충분히 헤아려야 마땅하다. 하지만 이 시선집에 참여한 시인들이 역주행하는 민주주의적 가치와 자기 파괴적 '기술의 정치'에 대해 깊은 우려의 시선을 보낸다는 점은 분명하다. 백무산, 강형철, 임동확, 공광규를 비롯한 중견 시인의 시들에서 이러한 시적 경향이 더 두드러진다. 예컨대 발표 당시 제목인 〈놀란 강〉을 개작한 공광규의 시 〈놀란 강, 아니고〉는 적절한 예다. 이 시는 기존 발표 시에

"아니고, 지금은 피 흘리는 강." 이라는 마지막 행을 추가함으로써 무서운 속도전 양상을 보이는 4대강 사업이 지금 이곳의 자연을 어떻게 실제적으로 파괴하는지를 강력히 환기하고 있다. 그래서 우리는 이 시집을 통해 계획된 환경 재앙의 실상을 투시하려는 시의 역능과 시인의 예언자적 운명에 대해 숙고하지 않을 수 없다. 고은의 시 〈한탄〉은 생생한 실체이리라. "이제 강은/내 책 속으로 들어가 저 혼자 흐를 것이다/언젠가는/아무도 내 책을 읽지 않을 것이다". (고은, 〈한탄〉 제 1연)

그런 점에서 이 시집은 결과에 대해선 아무런 자각조차 하지 못하는 기술 인간들의 자해적 자연 파괴와 우리들의 '정신적 무감각' 상태를 어떻게 넘어서야 할지를 묻는 작품집이라고 할 수 있다. 시인들은 침통하기 짝이 없는 이러한 질문에 대한 저마다의 문학적 응전을 통해 세상을 향해 자연에 대한 공감 능력의 회복과 감수성의 변화를 촉구하고 있다. 그래서 이 시집을 일종의 집단적 '소셜 프로모션'이라고 부를 수도 있으리라. 이러한 시인들의 심리 기저基底에 슬픔과 분노 같은 다양하고도 격렬한 감정의 정동情動들이 뒤얽혀 있는 점은 당연하다. 오직 소중한 무엇인가를 잃어버렸다고 생각하는 사람만이 깊이 상심하는 법이다. 어쩌면 인간의 지혜란 것은 후회의 산물일지 모른다. 강에 얽힌 아름다운 추억을 말할 때도 그렇고, 머지않은 미래에 닥쳐올 디스토피아적 악몽을 경고할 때도 시인들이 느끼는 이러한 감정의 정동들은 고스란히 전해져온다. 강이 아프니 시인도 아픈 것이다.

## 2. 강이 아프니 나도 아프다

강이 지닌 포용력과 풍요는 시인들에게 늘 유구한 상상력의 원천이었다. 시인들은 강에 대한 다양한 시적 이미저리들을 통해 모성과 역사와 인생과 문명과 우주와 생명 자체를 성찰하고 사유하고자 했다. 이 점은 강이 존재하는 한, 영원할 것이다.

그런데 이번 시집에서 눈에 띄는 특징은 심미적 자연으로서의 강에 대한 이미지들이 급속히 퇴각하고, 인人과 물物이 하나라는 천인감응설天人感應說에 해당하는 존재론적 통찰이 강에 대한 시적 심상을 대체하고 있다는 점이다. 이 점은 목하 지금 이곳의 강들이 현재 유례가 없는 파괴 현장으로 변했다는 점 때문이리라. 이 시집에 수록된 100편의 시편 가운데 절반쯤에 해당하는 시들이 걷잡을 수 없는 속도로 파괴되어가는 강의 현재 모습을 보고서 절절한 직정直情의 언어들을 부려놓는 점은 그 좋은 예가 아닐 수 없다. 다음의 시를 보라.

내가 가까이 가자
필사적으로 햇빛을 붙들고 있던 강이 묵묵히 굶은 어깨를 내보였다.

내가 가까이 가자
필사적으로 바람을 붙들고 있던 강 곁, 나무 한 그루가 다소곳이 얽은 허리와 얼룩 잎을 내보였다.

내가 가까이 가자
필사적으로 물을 붙들고 있던 작은 배 몇 척이 헌데투성이 얼굴을 씻고 있다가 힐끔 나를 바라보았다.

>
꿍꿍—꿍꿍—

신음소리 새나는
보랏빛 입술.

— 강은교, 〈낙동강〉 전문

강은교 시인은 '강의 시인'이다. 그러나 시인은 이제 강 "가까이"에서 강과의 우애로운 마주침의 순간을 체험하지 못한다. 강의 물길에서 "은빛 별의 허리를 쓰다듬는 소리"와 "심장에서 심장으로 길을 이루어 흐르는 소리"(〈물길의 소리〉)를 듣고서 아름다운 시적 이미지로 표현했던 시인은 그러나 지금 강에서 "묵묵히 굶은 어깨"와 "신음소리 새나는/보랏빛 입술."의 모습을 볼 따름이다. 처연한 풍경이 아닐 수 없다. 강의 자식들이라 할 수 있는 "강 곁, 나무 한 그루"와 "작은 배 몇 척"의 모습들 또한 결코 건강한 모습들은 아니다. 우리는 이 시에서 시인이 시에서 말하지 않은 침묵의 행간들에서 강의 미래와 운명에 대해 무수한 상념의 실마리를 찾아야 할지 모른다.

강의 파괴 현장을 마주한 시인들은 강의 신음소리를 자신의 슬픔과 고통의 감정으로 투사projection하는 시적 전략을 구사한다. 이영광, 이대흠, 유병록, 고영민, 김소연, 김경주, 천양희, 손택수, 김백겸, 나종영 등을 비롯해 어쩌면 이 시집에 수록된 모든 시편들에는 강의 신음소리와 뭇 생명들의 생존을 향한 아우성을 온몸으로 받아 적은 흔적들이 역연하다. "저것들 날 깨워주고도 아직/악몽 중이구나/아우성 헛소리구나".(이영광, 〈낙동 민박〉) 시인들은 우주의 한 구성 요소인 자연 질서에 대해 우리가 전부 '알 수 없음'의 상태에 있음을 수용할 줄 알아야 함을 간절하고도 절박한 시어들로 역설하는 것인지도 모른다. 이 점을 자각하지 못할 때, 우리는 "아벨을 죽인 카인의 표지"(김백겸, 〈금강〉)를 쉽게 어느 누구도 떼어낼 수는 없으리라.

이렇듯 이 시집을 지배하는 주선율은 절대적 공유지共有地로서의 자연에 대한 감각이라 할 수 있다. 그것은 자연이란 본디부터 있는 것이며, 어떠한 지시나 구속을 받지 않는 스스로 그러한 것이라는 유구한 믿음을 저버릴 때, 그것은 곧 "역천의 대재앙"(이원규, 〈지상의 은하수여, 촛불의 강이여!〉)이 될 수 있다는 존재론과 직결되어 있다. 그래서 이 시집에서 다수의 시인들이 자연의 파멸을 추진하는 자본—권력 동맹 세력에 대해서뿐만 아니라 그것을 용인하는 우리 자신에게도 예리한 비판적 태도를 취한다. 백무산, 강형철, 이은봉, 임동확, 조기조, 송경동, 김현 등의 시는 그 좋은 예다. 이 시편들은 "자연이 남아 있다면 더 발전할 수 있다"는 경제 성장 중심의 그릇된 신화에 대한 예리한 비판적 관점을 드러낸다.

아, 당신이 내 몸속 구부러진 혈관들도
바르게 펴서 일렬로 세워주면 좋겠다

헐은 위장에도 콘크리트 벽을 세워
쓰린 역류를 막아주면 좋겠고

췌장 바닥까지 포클레인을 넣어
오래된 결석들을 준설해주면 좋겠다

당신은 그것이 가능하고
그것이 미래이며 효율적이라고 생각하는 이상한 종족

세상의 모든 것을 도구와 화폐로

바꿀 수 있다고 생각한다

— 송경동, 〈흐르지 않는 강—다시 MB에게〉 부분

위 시의 표현처럼, "세상의 모든 것을 도구와 화폐로/바꿀 수 있다"는 우리 시대의 신화는 절대적 지상 명령이 되었다. 그 결과 우리 사회는 낭비와 차별과 격차가 만연한 세상이 되었으며, 우리의 욕망 또한 '먹고사니즘'의 이데올로기로부터 자유로울 수 없게 되었다. 그리고 자연 또한 언젠가는 착취해야 할 대상으로 전락했다. 자연에 대한 겸손한 마음과 외경심 따위는 실종되었다. 그런 세상의 질서가 폭력과 환경 파괴, 사회 양극화, 불균등한 발전, 빈곤의 여성화, 하층 계급의 인종화, 일회용 노동자의 등장 같은 현상들로 나타나, 그것이 일상이 되어버린 사회가 된 것은 당연한 노릇이다. 이런 세상을 향해 시인은 "바람의 가격을 1L당 얼마로 할까/구름의 가격을 1L당 얼마로 할까"(이은봉, 〈부자 되세요〉) 하고 꼬집는가 하면, "아, 우리의 왕국을 건설하지/이 시대 최고의 제왕/자본의 당당한 왕국 당당한 제국/우리들 뻔뻔한 나라,"(강형철, 〈자본의 강, 뻔뻔한 나라〉)라고 예리한 비판을 가한다.

우리는 시인들의 이러한 비판적 태도에서 "인공물은 정치의 차원을 갖는다"(랭든 위너)는 명제를 숙고해보아야 한다. 즉 4대강 사업이 누구에게 가장 큰 이익을 가져다주며, 누가 가장 큰 "생존의 비용"(아룬다티 로이)을 지불하는지를 잊어서는 안 되는 것이다. "오래오래 고요하게 흘러오신 분"(도종환)에 대해 악업을 짓는 일이기 때문이다. 우리는 지금 자연이 준 측량할 수 없는 판돈을 걸고서 모두가 지는 게임에 나선 것은 아닐까.

### 3. 강변유정江邊有情: 강은 우리들의 문중門中이다

강을 심상으로서의 자연으로 대하려는 작품들이 없는 것은 아니다. '강의 추억'이라 명명할 수 있는 이런 유형의 작품들은 현재형이 아니라 과거형 시제로 강을 추억한다는 특징을 보인다. 수몰민의 애환을 다룬 시편들을 비롯해 오직 자신만의 강에 대한 추억을 회상하는 시들이 여기에 해당된다. 여름날 물난리를 겪은 천변 동네의 추억 한 장면을 인화한 하종오의 〈천변 동네〉는 그 실례이다. "하천을 흐르는 물결이/잉어들과 자갈 위를 지날 땐 쟁강, 쟁강거렸고/피라미들과 모래 틈으로 스밀 땐 버석, 버석거렸고/붕어들과 물풀 사이로 스쳐갈 땐 서걱, 서걱거렸다".

강물이 무슨 산고의
진통 끝에 새끼를 낳아 품듯이

지적도 등기도 없는
그 무국적의 반짝이는 금모래밭을 돌아
유정천리, 하염없이 흘러가는 당신을 애타게 부르던 노래가 있었습니다

— 이덕규, 〈강변유정—소월에게〉 전문

'소월에게'라는 부제에서 보듯이, 위 시는 시적 인유引喩의 한 사례로서 강에 대한 시인들의 상상력이 얼마나 유구悠久한가를 잘 드러낸다. 강변의 "반짝이는 금모래밭"이 아름다운 것은 존재하는 것 자체로서 목적이 되기 때문에 아름다운 것이다. 시인이 "지적도 등기도 없

는/그 무국적" 이라고 표현한 대목은 그러한 인식을 잘 보여준다. 그러나 이 시가 우리에게 강에 관한 유구한 시적 심상을 일깨우는 까닭은 과거형 시제 '–었'의 사용에 있음을 우리는 잊어서는 안 된다. 이 시의 화자가 누리는 기꺼운 호사는 이제 더 이상 현재 진행형이 되지 못한다. 그래서 이 시의 울림이 크고도 깊다. 공광규의 시 〈놀란 강, 아니고〉와 유사한 사유의 패턴을 보여준다는 점에서 이 두 편의 시를 겹쳐 읽는다면, 우리는 시인의 간절한 시어들 이면에 깊은 슬픔과 분노의 직정 또한 함께 흐르고 있음을 알 수 있으리라.

강의 추억을 사유하는 시적 상상력은 엘레지Elegy의 양식으로 보아도 무방하다. 안도현, 고재종, 최영철, 김형수, 조정, 이안, 이흔복 등의 시들이 여기에 해당하는데, 우리는 이 시편들에서 자연에 수긋이 순응하고 적응하며 살아가는 이 땅 사람들의 면면한 마음들에 대해 고요한 명상의 시간을 갖게 되는지도 모른다. "아아 나는 아버지가 모랫벌에 찍어놓은/발자국이었다, 홀로 서서 생각했을 때/내 눈물 웅얼웅얼 모두 모여 흐르는/낙동강/그 맑은 마지막 물빛으로 남아 타오르고 싶었다"(안도현, 〈낙동강〉)라든가, "그토록 흐르고 흐를 것이 있어서 강은/우리에게 늘 면면한 희망으로 흐르던가."(고재종, 〈앞강도 야위는 이 그리움〉)라는 시어들에서는 자연과의 교감의 언어를 통해 우리의 인생 자체를 성찰하려는 태도를 발견할 수 있다. 그런 화자들의 모습이 강의 모습과 흡사하게 닮아 있는 것은 어쩌면 당연한 일이다.

하여, 시인은 "강은 나의 산중門中으로서/오랜 혈통을 지녔다"(윤성학, 〈강물의 가계도〉)라고 진술한다. 강물이 흐르는 소리를 듣는 일이 곧 "강이 읽어주는 전가傳家의 대동보 소리"(윤성학, 같은 시)라는 진술을 보라. 이러한 표현에서 우리는 자연에 대한 우리의 태도는 결국 인식이 아니라 '존경'의 문제라는 사유의 단서들을 확인하게 되는 것 아니겠는가. 이것은 생멸生滅과 유전流轉이 이루어지는 4차원의 질서로 자연을 이해하려는 관점의 시적 표현이라 할 수 있다.

그런 점에서 이 시집은 "피할 수 없는 위험, 변하지 않는 설계, 비인간화하는 표준, 윤리적 제약"(실라 재써노프, 〈테크놀로지, 정치의 공간이자 대상〉, 《창작과비평》 149호)을 특징으로 하는 기술의 정치를 표방하는 정책 언어와는 확연히 다르다. 기술의 정치를 추진하는 자본—권력 동맹 세력은 비유적으로 표현한다면, '카우보이 영혼'의 소유자들이다. 그들은 자연의 시효 같은 것 따위는 묻지도 따지지도 않고, 지금 당장 눈앞의 '사익'을 위해 사회적 배제와 그들만의 견고한 결속도 마다하지 않는 사익 추구 세력에 불과하다. 경제 '진보'의 이름으로, '국익'이라는 이름으로!

그래서 이른바 "'보洑'교"(문동만, 〈투망을 던지며〉)를 창시한 이들의 회색성장 전략에 맞서서 '다른 삶은 가능하다'는 점을 역설하는 시인들의 언어는 처연한 아름다움의 빛깔을 뿜어낸다. 예컨대 "꿈속에서도 물소리 아프지 마라"(이기인, 〈꿈속에서도 물소리 아프지 마라〉) 같은 시어들을 보라. 우리는 이러한 연약한 어조와 외양을 띠는 언어들이야말로 우리 자신이 살고 있는 '장소의 에로스'를 되살리려는 가장 강력한 무기가 될 수 있음을 잊어서는 안 된다. 이런 언어를 통해 우리는 다르게 말하는 법을 배울 수 있고, 다르게 살아갈 수 있는 삶의 철학을 체화하는 단서를 찾을 수 있기 때문이다. 그리하여 우리는 이 세상이 강제하는 '표준적' 진실에서 벗어나 생명 자체의 해방 선언을 실제 행동으로 옮길 수 있다는 우리들의 믿음을 표현할 수 있으리라고 생각한다.

## 4. 강의 미래, 시의 미래

4대강 사업 이후 강의 미래는 어떻게 될까. 시인들은 강의 미래에 대해 압도적으로 디스토피아적 악몽의 한 장면을 시적으로 표현한다. 특히 백무산, 진은영 시인이 그려내는 강의 미래는 기술적 유토피아의 결과로 도래할 재앙적 디스토피아의 축소판이라 해도 과언은 아닐 터다. 이들은 강에 대한 "망각은 없다"라고 말한다. 진은영은 "강은 죽었다가//곧 태어나 내 몸이 되어 올 것이다/신비한 질병과 미지의 악취를 릴레이 주자의 날쌘 팔다리처럼 달고서"(진은영, 〈망각은 없다〉)라고 불길한 상상력을 드러내는가 하면, 백무산은 "국토에 포섭되지 않을 것들의 종말을 보라구"(백무산, 〈멸종〉)라는 진술에서 보듯이 자본주의 문명 자체와 국가 권력의 탐욕스런 파괴성과 불모성을 사유한다.

물론 우리는 강의 미래를 알지 못한다. 그러나 결과를 '알지 못함'이라는 이유 때문에 이 사업 이후가 더욱 두렵기 짝이 없다. 댐 건설 반대 투쟁에 앞장섰던 인도 작가 아룬다티 로이가 《생존의 비용》에서 "길을 잘못 들어서 공동묘지에 들어선 기분이 든다"고 한 경고 메시지에 귀를 기울일 필요가 있는 것은 아닐까. 댐 건설로 강이 죽은 인도에서 생물종 다양성의 죽음 자체로 그치지 않고, 인간 생존을 위한 공동체의 붕괴와 민중문화의 절멸로 나타났다는 점을 우리는 간과해서는 안될 것이다. 너무나 늦었지만, 지금 당장이라도 기술적·환경적·경제적 차원에서 검토해보아도 그 실효성이 의심스러운 보洑 건설, 대규모 준설, 배수갑문 증설 사업에 대해서만큼은 과감한 '사업 중단'이 요청되는 것도 그런 이유 때문이다. 오직 사업 중단이야말로 더 이상 우리 사회가 죽음을 추구하는 사회를 벗어날 수 있는 유일한

해결책이 될 것이라 믿어 의심치 않는다.

강의 어두운 미래는 시의 미래 또한 어둡게 한다. 많은 시인들이 시인의 상상력조차 압도하는 4대강 사업의 파괴성과 무모함 앞에서 '언어절言語絶의 참사'를 겪고 있으며, 그 참혹한 미래의 불길함에 대해 예견하고 있다. 고영민의 〈춘양〉, 김사인의 〈시를 위하여〉, 김사이의 〈모래무덤〉, 윤예영의 〈강을 위한 망가〉 같은 시들이 여기에 해당한다. "먼 훗날 지구는 둥글지 아니하겠다/훗날 아이들의 시는,/노래는,/하나둘 모래무덤 속으로 걸어 들어가고"(김사이)라든가, "아이들은 진짜 강물 한번 보지 않고도/진짜보다 더 진짜 같은 걸 척척 그려낸다죠?"(윤예영)라는 진술들을 보라. 이제 어느 시인이 있어서 "해질무렵 문득,/행간을 꿰뚫는 물결이 보인다/운율이 보인다"(고영민)라는 시행들을 읊조릴 수 있을까. 강을 사유하고 자연을 상상하는 시의 미래는 강의 죽음과 더불어 저 호소湖沼 바닥에 함께 수장될 운명에 처한 것은 아닌지 모를 일이다.

아 돌아가고 싶어라
지지리 못난 후진국 거기

이제 강은
오늘 저녁까지 오늘 밤까지 기진맥진 흐를 것이다
자고 나서
돌아와 보면
강은 다른 것이 되어 있을 것이다
어이없어라 내가 누구인지 전혀 모를 것이다

— 고은, 〈한탄〉 제4~5연

단언하건대, 고은의 시 〈한탄〉은 강의 죽음을 '애도'하는 이번 시선집의 절창이다. 특히 "아 돌아가고 싶어라/지지리 못난 후진국 거기"라는 시행이 주는 파문은 부국강병과 국익을 근간으로 하는 근대국가의 속성과 본질에 대해 무수한 질문들이 나오게 하는 표현이다. 시인의 이러한 인식은 "식민지는 얼마나 자신의 국가를 갈망하는가./국가는 얼마나 국가의 범죄와 탐욕을 쌓아가는가."(고은, 〈국가〉)라는 시에서의 국가에 대한 사유의 인식틀과 관련이 있다. 우리는 이 시에서 선진국 신화에 포박한 우리 사회가 눈먼 질주 끝에 결국 허울뿐인 풍요에 불과한 소유자 사회ownership society에 도달했음을 매섭게 경고하는 시인의 목소리를 들을 수 있으리라. 그리하여 우리는 근원을 알 수 없는 불안과 두려움의 감정에 빠져 "내가 누구인지 전혀 모를" 상태에 처해 있는 것이 아니겠는가.

결론적으로 말해 이 시집은 일종의 '빚의 유산'으로 기록되어야 마땅하다. 물론 우리는 자연이 준 천혜의 혜택을 스스로 저버린 우리들의 빚을 다음 세대를 넘어 미래의 후속 세대들이 언제까지 갚아야 할지, 과연 이 빚의 유산을 청산할 수는 있는지 알지 못한다. 그래서 더 두렵다. 그렇지만 우리는 스스로를 자책할 줄 아는 자조의 윤리학과 더불어 다른 사람들과 '함께하는' 힘에 대해서 아직은 기대를 저버려서는 안된다. 그리하여 강의 아름다움에 대해, '아니오'의 용기에 대해, 지금보다 더 많이 생각하고 사람들과 더불어 함께 행동하는 것을 외면해서는 안 되리라. 만일 그런 독자들이 더 많아진다면, 우리는 아직은 강의 죽음을 애도할 때가 아님을 확인하게 될 것이다. 강은 흘러야 한다!

## 작가 소개

**강은교**

1968년 월간 《사상계》 신인문학상에 시 〈순례자의 잠〉 외 2편이 당선되어 등단. 시집 《허무집》, 《빈자일기》, 《우리가 물이 되어》, 《등불 하나가 걸어오네》, 《초록 거미의 사랑》 등 다수의 책을 출간했다.

**강형철**

1985년 〈해망동 일기〉, 〈아메리카 타운〉 등을 《민중시》 2집에 발표하며 작품 활동 시작. 시집 《해망동 일기》, 《도선장 불빛 아래 서 있다》 등과 평론집 《시인의 길 사람의 길》, 《발표의 시학》 등이 있다.

**고영민**

2002년 《문학사상》 신인상에 시 〈몰입〉 외 9편이 당선되어 등단. 시집으로 《악어》, 《공손한 손》이 있다.

**고운기**

1983년 《동아일보》 신춘문예에 시 〈밀물 드는 가을 저녁 무렵〉이 당선되어 등단. 시집 《나는 이 거리의 문법을 모른다》, 《자전거 타고 노래 부르기》 등 다수의 책을 출간했다.

**고은**

1958년 《현대문학》에 시 〈봄밤의 말씀〉, 〈눈길〉, 〈천은사운〉 등을 추천받아 등단. 1960년 첫 시집 《피안감성》 이후 《허공》, 《만인보》 등 다수의 책을 출간했다.

**고재종**

1984년 《실천문학》으로 등단. 시집으로 《그때 휘파람새가 울었다》, 《날랜 사랑》 등이 있다.

**고증식**

1994년 《한민족문학》 4집으로 등단. 시집으로 《환한 저녁》, 《단절》 등이 있다.

**고형렬**

1979년 《현대문학》에 〈장자〉를 발표하면서 등단. 시집 《대청봉 수박밭》, 《김포 운호가든집에서》, 《나는 에르덴조 사원에 없다》 등 다수의 책을 출간했다.

**공광규**

1986년 《동서문학》 신인문학상으로 등단. 시집으로 《대학일기》, 《말똥 한 덩이》 등이 있다.

**길상호**

2001년 《한국일보》 신춘문예에 시 〈그 노인이 지은 집〉이 당선되어 등단. 시집으로 《오동나무 안에 잠들다》, 《모르는 척》, 《눈의 심장을 받았네》가 있다.

**김경주**

2003년 《대한매일》(현 서울신문) 신춘문예에 〈꽃 피는 공중전화〉가 당선되어 등단. 시집 《나는 이 세상에 없는 계절이다》, 《기담》, 《시차의 눈을 달랜다》 등 다수의 책을 출간했다.

**김백겸**

1983년 《서울신문》 신춘문예에 시 〈기상예보〉가 당선되어 등단. 시집 《비를 주제로 한 서정별곡》, 《가슴에 앉힌 山 하나》, 《북소리》, 《비밀정원》 등 다수의 책을 출간했다.

**김사이**

2002년 계간 《시평》 여름호에 시 〈서른여섯 살 꽃〉 외 7편을 발표하면서 작품 활동 시작. 시집으로 《반성하다 그만둔 날》이 있다.

**김사인**

1982년 동인지 《시와 경제》 창간 동인으로 작품 활동 시작. 시집 《밤에 쓰는 편지》, 《가만히 좋아하는》 등 다수의 책을 출간했다.

**김선우**

1996년 《창작과비평》 겨울호에 〈대관령 옛길〉 등 10편의 시를 발표하면서 등단. 시집 《내 혀가 입 속에 갇혀 있길 거부한다면》, 《도화 아래 잠들다》, 《내 몸속에 잠든 이 누구신가》 등 다수의 책을 출간했다.

**김성규**

2004년 《동아일보》 신춘문예에 〈독산동 반지하동굴 유적지〉가 당선되어 등단. 시집으로 《너는 잘못 날아왔다》가 있다.

**김소연**

1993년 《현대시사상》에 시 〈우리는 찬양한다〉 등을 발표하면서 등단. 시집 《극에 달하다》, 《빛들의 피곤이 밤을 끌어당긴다》, 《눈물이라는 뼈》 등 다수의 책을 출간했다.

**김용택**

1982년 창비 21인 신작 시집 《꺼지지 않는 횃불로》에 〈섬진강 1〉 외 8편을 발표하면서 작품 활동 시작. 시집으로 《섬진강》, 《언제나 나를 찾게 해주는 당신》 등이 있다.

**김은경**

2000년 《실천문학》으로 등단.

**김응**

2005년 《대전일보》 신춘문예로 등단. 동시집 《개떡 똥떡》이 있다.

**김일영**

2003년 《한국일보》 신춘문예에 시 〈삐비꽃이 아주 피기 전에〉가 당선되어 등단. 시집 《삐비꽃이 아주 피기 전에》, 동화 《별에서 온 바위》가 있다.

**김자흔**

2004년 《내일을 여는 작가》로 등단.

**김정환**

1980년 계간 《창작과비평》으로 등단. 시집으로 《지울 수 없는 노래》, 《거룩한 줄넘기》 등이 있다.

**김중일**

2002년 《동아일보》 신춘문예로 등단. 시집으로 《국경꽃집》이 있다.

**김해자**

1998년 《내일을 여는 작가》로 등단. 전태일문학상을 수상했으며, 시집으로 《무화과는 없다》, 《축제》가 있다.

**김현**

2009년 《작가세계》 신인상으로 등단.

**김형수**

1985년 《민중시 2》에 시로, 1996년 《문학동네》에 소설로 등단. 1988년 《녹두꽃》을 창간하면서 비평 활동을 시작했으며, 시집 《가끔씩 쉬었다 간다는 것》, 《빗방울에 관한 추억》 등 다수의 책을 출간했다.

**나종영**

1981년 창작과비평사 13인 신작 시집 《우리들의 그리움은》으로 작품 활동 시작. 시집으로 《끝끝내 너는》, 《나는 상처를 사랑했네》 등이 있다.

**나희덕**

1989년 《중앙일보》 신춘문예에 시 〈뿌리에게〉가 당선되어 등단. 시집 《뿌리에게》, 《어두워진다는 것》, 《야생사과》 등 다수의 책을 출간했다.

**도종환**

1984년 동인지 《분단시대》를 통해 작품 활동 시작. 시집 《고두미 마을에서》, 《접시꽃 당신》, 《슬픔의 뿌리》 등과 산문집 《그때 그 도마뱀은 무슨 표정을 지었을까》, 《마음의 쉼표》 등이 있다.

**문동만**

1994년 계간 《삶 사회 그리고 문학》으로 등단. 시집으로 《나는 작은 행복도 두렵다》, 《그네》 등이 있다.

**문인수**

1985년 《심상》 신인상으로 등단. 시집으로 《늪이 늪에 젖듯이》, 《배꼽》 등이 있다.

**문태준**

1994년 《문예중앙》 신인문학상에 시 〈처서(處暑)〉 외 9편이 당선되어 등단. 시집으로 《수런거리는 뒤란》, 《맨발》, 《가재미》가 있다.

**박남준**

1984년 《시인》으로 등단. 시집으로 《세상의 길가에 나무가 되어》, 《적막》 등이 있다.

**박두규**

1985년 《남민시(南民詩)》 창립 동인으로 작품 활동 시작. 시집 《사과꽃 편지》, 《당몰샘》, 《숲에 들다》 등 다수의 책을 출간했다.

**박상수**

2000년 《동서문학》을 통해 시인으로, 2004년 《현대문학》을 통해 평론가로 등단. 시집으로 《후르츠 캔디 버스》가 있다.

**박설희**

2003년 《실천문학》 신인상으로 등단. 시집 《쪽문으로 드나드는 구름》이 있다.

**박성우**

2000년 《중앙일보》 신춘문예로 시 등단, 2006년 《한국일보》 신춘문예로 동시 등단. 시집으로 《거미》, 《가뜬한 잠》이 있다.

**박준**

2008년 《실천문학》으로 등단.

**박진성**

2001년 《현대시》를 통해 등단. 시집으로 《목숨》, 《아라리》가 있다.

**박철**

1987년 《창비 1987》에 〈김포〉 외 14편의 시가 추천되어 시인으로, 1997년 《현대문학》에 단편 〈조국에 드리는 탑〉이 추천되어 소설가로 등단. 시집 《김포행 막차》, 《험준한 사랑》 등이 있고, 소설집 《평행선은 록스에서 만난다》가 있다.

**박형준**

1991년 《한국일보》 신춘문예에 〈가구(家具)의 힘〉이 당선되어 등단. 시집 《나는 이제 소멸에 대해서 이야기하련다》, 《빵냄새를 풍기는 거울》, 《춤》 등 다수의 책을 출간했다.

**박혜선**

1992년 새벗문학상에 동시가 당선되어 등단. 동시집 《개구리 동네 게시판》이 있다.

**박후기**

2003년 《작가세계》 신인상에 〈내 마음의 무늬〉 외 6편의 작품을 발표하며 등단. 시집으로 《종이는 나무의 유전자를 갖고 있다》, 《내 귀는 거짓말을 사랑한다》가 있다.

**백무산**

1984년 《민중시》 제1집으로 등단. 시집으로 《만국의 노동자여》, 《거대한 일상》 등이 있다.

**서홍관**

1985년 《창작과비평》으로 등단. 시집으로 《어여쁜 꽃씨 하나》, 《어머니 알통》 등이 있다.

**서효인**

2006년 《시인세계》 신인상으로 등단. 시집으로 《소년 파르티잔 행동 지침》이 있다.

**손세실리아**

2001년 《사람의 문학》을 통해 등단. 시집으로 《기차를 놓치다》 등이 있다.

**손택수**

1998년 《한국일보》 신춘문예에 〈언덕 위의 붉은 벽돌집〉이 당선되어 등단. 시집으로 《호랑이 발자국》, 《목련 전차》, 《나무의 수사학》이 있다.

**송경동**

2001년 《실천문학》으로 등단. 시집으로 《꿀잠》, 《사소한 물음들에 답함》이 있다.

**신경림**

1956년 《문학예술》에 〈갈대〉, 〈묘비(墓碑)〉 등이 추천되어 작품 활동 시작. 시집 《농무》, 《남한강》, 《어머니와 할머니의 실루엣》, 《낙타》 등 다수의 책을 출간했다.

**신용목**

2000년 《작가세계》 신인상에 〈성내동 옷수선집 유리문 안쪽〉 외 4편이 당선되어 등단. 시집으로 《그 바람을 다 걸어야 한다》, 《바람의 백만번째 어금니》가 있다.

**안도현**

1981년 《대구매일신문》 신춘문예, 1984년 《동아일보》 신춘문예로 등단. 시집으로 《서울로 가는 전봉준》, 《간절하게 참 철없이》 등이 있다.

**안상학**

1988년 《중앙일보》 신춘문예에 시 〈1987年 11月의 新川〉이 당선되어 등단. 시집으로 《그대 무사한가》, 《안동소주》, 《아배 생각》 등이 있다.

**양문규**

1989년 《한국문학》으로 등단. 시집으로 《벙어리 연가》, 《집으로 가는 길》 등이 있다.

**오도엽**

1997년 전태일문학상을 받으며 등단. 시집으로 《그리고 여섯 해 지나 만나다》가 있다.

**우대식**

1999년 《현대시학》으로 등단. 시집 《늙은 의자에 앉아 바다를 보다》, 《담검》이 있다.

**유병록**

2010년 《동아일보》 신춘문예에 시 〈붉은 호수에 흰 병 하나〉가 당선되어 등단.

**유안진**

1965~1967년 《현대문학》 3회 추천으로 등단. 시집으로 《달하》, 《다보탑을 줍다》 등이 있다.

**윤동재**

1982년 《현대문학》으로 등단. 지은 책으로 《구비구비 옛이야기》, 《재운이》, 《한국현대시와 한시의 상관성》 등이 있다.

**윤석정**

2005년 《경향신문》 신춘문예에 〈오페라 미용실〉이 당선되어 등단. 시집으로 《오페라 미용실》이 있다.

**윤성학**

2002년 《문화일보》 신춘문예에 〈감성돔을 찾아서〉가 당선되어 작품 활동 시작. 시집으로 《당랑권 전성시대》가 있다.

**윤예영**

1998년 《현대문학》으로 등단.

**이경림**

1989년 《문학과비평》 봄호에 〈굴욕의 땅에서〉 외 9편을 발표하며 등단. 시집 《토씨찾기》, 《그곳에도 사거리는 있다》, 《상자들》 등 다수의 책을 출간했다.

**이기인**

2000년 《경향신문》 신춘문예에 〈ㅎ방직공장의 소녀들〉이 당선되어 작품 활동 시작. 시집으로 《알쏭달쏭 소녀백과사전》, 《어깨 위로 떨어지는 편지》 등이 있다.

**이대흠**

1994년 《창작과비평》으로 작품 활동 시작, 1999년 《작가세계》에 소설 등단. 시집 《상처가 나를 살린다》, 《눈물 속에는 고래가 산다》, 《귀가 서럽다》 등 다수의 책을 출간했다.

**이덕규**

1998년 《현대시학》으로 등단. 시집으로 《다국적 구름공장 안을 엿보다》, 《밥그릇 경전》 등이 있다.

**이병률**

1995년 《한국일보》 신춘문예에 〈좋은 사람들〉, 〈그날엔〉 두 편의 시가 당선되어 등단. 시집 《당신은 어딘가로 가려 한다》, 《바람의 사생활》, 《찬란》 등 다수의 책을 출간했다.

**이상국**

1976년 《심상》에 시 〈겨울 추상화〉 등을 발표하면서 작품 활동 시작. 시집 《동해별곡》, 《우리는 읍으로 간다》, 《어느 농사꾼의 별에서》 등 다수의 책을 출간했다.

**이성부**

1960년 《전남일보》 신춘문예 시 당선, 1962년 《현대문학》 3회 추천 완료, 1967년 《동아일보》 신춘문예 시 당선. 시집 《이성부 시집》, 《우리들의 양식》, 《도둑 산길》 등 다수의 책을 출간했다.

**이승철**

1983년 시 전문 무크 《민의》 제2집으로 등단. 시집으로 《세월아, 삶아》, 《당산철교 위에서》 등이 있다.

**이시영**

1969년 《중앙일보》 신춘문예 당선, 《월간문학》 제3회 신인상을 수상하며 작품 활동 시작. 시집 《만월》, 《길은 멀다 친구여》, 《은빛 호각》, 《아르갈의 향기》 등 다수의 책을 출간했다.

**이안**

1999년 《실천문학》으로 등단. 시집으로 《목마른 우물의 날들》, 《치워라, 꽃!》 등이 있다.

**이영광**

1998년 《문예중앙》 신인문학상으로 등단. 시집으로 《그늘과 사귀다》, 《직선 위에서 떨다》 등이 있다.

**이영진**

1976년 《한국문학》으로 등단. 시집으로 《6·25와 참외씨》, 《숲은 어린 짐승들을 기른다》 등이 있다.

**이용임**

2006년 《한국일보》 신춘문예에 시 〈엘리펀트맨〉이 당선되어 등단.

**이용한**

1995년 《실천문학》 신인상으로 등단. 시집으로 《안녕, 후두둑 씨》, 《정신은 아프다》가 있다.

**이용헌**

2007년 《내일을 여는 작가》 신인상으로 등단.

**이원규**

1984년 《월간문학》과 1989년 《실천문학》으로 등단. 시집으로 《강물도 목이 마르다》, 《빨치산 편지》, 《지푸라기로 다가와 어느덧 섬이 된 그대에게》 등이 있다.

**이은규**

2008년 《동아일보》 신춘문예로 등단.

**이은봉**

1984년 신작 시집 《마침내 시인이여》로 등단. 시집으로 《내 몸에는 달이 살고 있다》, 《책바위》 등이 있다.

**이재무**

1983년 《삶의문학》, 《실천문학》, 《문학과사회》 등에 시를 발표하며 등단. 시집으로 《섣달그믐》, 《오래된 농담》 등이 있다.

**이진희**

2006년 문학수첩 신인상에 시 〈사춘기〉 외 4편이 당선되어 등단.

**이흔복**

1986년 문학 무크지 《민의》로 등단. 시집으로 《서울에서 다시 사랑을》, 《먼 길 가는 나그네는 발자국을 남기지 않는다》 등이 있다.

**임경섭**

2008년 중앙신인문학상에 〈진열장의 내력〉이 당선되어 등단.

**임동확**

시집 《매장시편》을 펴내면서 작품 활동 시작. 시집으로 《살아 있는 날들의 비망록》, 《나는 오래전에도 여기 있었다》 등이 있다.

**전기철**

1988년 《심상》으로 등단, 1992년 서울신문 《계간문예》 현상 공모에 당선. 시집 《나비의 침묵》, 《풍경의 위독》, 《아인슈타인의 달팽이》, 《로깡땡의 일기》 등 다수의 책을 출간했다.

**정우영**

1989년 《민중시》로 등단. 시집으로 《마른 것들은 제 속으로 젖는다》, 《집이 떠나갔다》 등이 있다.

**정희성**

1970년 《동아일보》 신춘문예로 등단. 시집으로 《답청》, 《저문 강에 삽을 씻고》 등이 있다.

**조기조**

1989년 《생활과문학》, 《삶글》, 《노동해방문학》 등에 시를 발표하며 작품 활동 시작, 1994년 제1회 실천문학 신인상을 받으며 등단. 시집 《낡은 기계》, 《기름美人》 등 다수의 책을 출간했다.

**조정**

2000년 《한국일보》 신춘문예에 시 〈이발소 그림처럼〉이 당선되어 등단. 시집으로 《이발소 그림처럼》이 있다.

**진은영**

2000년 《문학과사회》로 등단. 시집으로 《일곱 개의 단어로 된 사전》, 《우리는 매일매일》 등이 있다.

**천양희**

1965년 박두진 시인의 추천으로 《현대문학》을 통해 등단. 시집 《신이 우리에게 묻는다면》, 《마음의 수수밭》, 《너무 많은 입》 등 다수의 책을 출간했다.

**최영철**

1986년 《한국일보》 신춘문예 시 당선. 시집 《호루라기》 등이 있다.

**최종천**

1986년 《세계의 문학》에, 1988년 《현대시학》에 시를 발표하며 등단. 시집으로 《눈물은 푸르다》, 《나의 밥그릇이 빛난다》 등이 있다.

**하종오**

1975년 《현대문학》에 시 〈사미인곡〉 등을 추천받아 작품 활동 시작. 시집 《벼는 벼끼리 피는 피끼리》, 《사월에서 오월로》, 《지옥처럼 낯선》, 《국경 없는 공장》, 《입국자들》 등 다수의 책을 출간했다.

**함민복**

1988년 《세계의 문학》에 〈성선설〉 등을 발표하며 작품 활동 시작. 시집 《우울氏의 一日》, 《모든 경계에는 꽃이 핀다》, 《말랑말랑한 힘》 등 다수의 책을 출간했다.

**함성호**

1990년 계간 《문학과사회》 여름호로 등단. 시집으로 《56억 7천만 년의 고독》, 《聖 타즈마할》 등이 있다.

**홍일선**

1980년 《창작과비평》으로 등단. 시집으로 《농토의 역사》, 《한알의 종자가 조국을 바꾸리라》, 《흙의 경전》 등이 있다.

**황규관**

1993년 전태일문학상에 시 〈지리산에서〉 외 9편이 당선되어 등단. 시집으로 《철산동 우체국》, 《물은 제 길을 간다》, 《패배는 나의 힘》이 있다.

# 꿈속에서도 물소리 아프지 마라

고은 외 99명의 시인 지음
한국작가회의 저항의글쓰기실천위원회 엮음

초판 1쇄 발행일 2011년 2월 25일
초판 2쇄 발행일 2011년 4월 20일

발행인 | 김학원
경영인 | 이상용
편집주간 | 박지홍
기획 | 박세원
책임편집 | 최양순
디자인 | 김태형 유주현
마케팅 | 하석진 김창규
저자 · 독자 서비스 | 조다영 함주미(humanist@humanistbooks.com)
스캔 · 출력 | 이희수 com.
용지 | 화인페이퍼
인쇄 | 청아문화사
제본 | 정민제본

발행처 | 아카이브
출판등록 | 제313-2010-59호(2010년 2월 24일)
주소 | (121-869) 서울시 마포구 연남동 564-40
전화 | 02-335-4422 팩스 | 02-334-3427
홈페이지 | www.humanistbooks.com

• 아카이브는 (주)휴머니스트 출판그룹의 자회사입니다.



ISBN 978-89-5862-375-5 03810